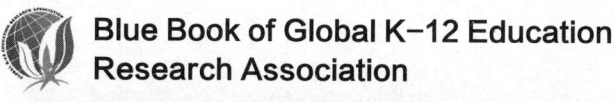

Blue Book of Global K-12 Education Research Association

全球基础教育研究联盟蓝皮书（2019）

全球化背景下学生领导力的培养

QUANQIUHUABEIJINGXIA XUESHENGLINGDAOLIDEPEIYANG

主编　强新志
Chief Editor　Qiang Xinzhi

中国书籍出版社
China Book Press

图书在版编目（CIP）数据

全球化背景下学生领导力的培养/强新志主编. —北京：中国书籍出版社，2021.3
ISBN 978-7-5068-7958-3

Ⅰ.①全… Ⅱ.①强… Ⅲ.①领导学 Ⅳ.①C933

中国版本图书馆 CIP 数据核字（2020）第 157048 号

全球化背景下学生领导力的培养

强新志　主编

责任编辑	杨　莹　王　淼
责任印制	孙马飞　马　芝
封面设计	中联华文
出版发行	中国书籍出版社
地　　址	北京市丰台区三路居路 97 号（邮编：100073）
电　　话	（010）52257143（总编室）　（010）52257140（发行部）
电子邮箱	eo@chinabp.com.cn
经　　销	全国新华书店
印　　刷	三河市华东印刷有限公司
开　　本	710 毫米×1000 毫米　1/16
字　　数	240 千字
印　　张	13.5
版　　次	2021 年 3 月第 1 版　2021 年 3 月第 1 次印刷
书　　号	ISBN 978-7-5068-7958-3
定　　价	68.00 元

版权所有　翻印必究

目 录
CONTENTS

全球基础教育研究联盟第五届年会共识 …………… 1

学生领导力的内涵与培养 …………………… 4

在集体组织中培养学生领导力 ………………… 8

利用跨媒体培养学生的领导力 ………………… 21

榜样与引导：发挥学生的话语权和领导力 ………… 37

培养有特殊需要的学生的领导能力 ……………… 44

学生如何成为领导 …………………………… 48

基于领导力培养的策略与路径 ………………… 53

学生领导力的养成 …………………………… 60

培养领导力：一种认知工具 …………………… 64

赋予学生领导制度改革的力量 ………………… 69

培养学生领导力，应对危机与挑战 ……………… 73

领导力培养是价值观教育 ……………………… 78

合作与参与：面向全体学生的领导力培养 ………… 84

赋能：学生领导力成长的有效机制 ……………… 92

学生的选择，学生的话语 …………………………… 97
领导力的特质及其培养 …………………………… 101
学生的自我效能 …………………………………… 105
培养学生领导力 …………………………………… 109
领导价值 …………………………………………… 113
学生领导力是全面素质教育的一部分 …………… 117
如何培养学生领导力 ……………………………… 124
培养全球化时代学生领导力 ……………………… 129
青少年战略：一种积极的目的 …………………… 133
忘却旧的领导力 …………………………………… 137
学生话语：从无形到无价 ………………………… 143
通过课程培养学生领导力 ………………………… 148
如何激励学生充分发挥他们的潜力 ……………… 151
森林之门学校的学生领导力 ……………………… 155
通过权力移交为学生赋能 ………………………… 159
对话：培养学生领导力 …………………………… 164
问答：学生领导力何以可能 ……………………… 193
全球基础教育联盟研究第五届第六次学术委员会会议发言摘编
　………………………………………………… 202

全球基础教育研究联盟第五届年会共识

培养学生领导力：为了人类命运共同体的未来

（2019 年 10 月 14 日）

我们，来自中国、美国、加拿大、英国、芬兰、丹麦、意大利、俄罗斯、新加坡、哥斯达黎加 10 个国家的全球基础教育研究联盟第五届年会的 500 多位与会者，于 2019 年 10 月 12 日至 14 日，齐聚中国河北省石家庄外国语教育集团，围绕"学生领导力的培养"主题进行深度交流和全面研讨，达成如下共识：

——学生领导力是学生在其个人价值观指导下的个体发展力和对他人、社区、世界的影响力，是认识自我、尊重他人、和谐共处、互相学习、共同成长的重要能力；是一种服务他人和社会发展的价值追求，帮助学生形成积极的人生态度、高尚的道德品格，具备应对复杂现实与未来世界的全球素养，推动人类社会发展。

——学校在学生领导力培养上承担着重要的使命、任务，扮演着角色，学校教育要面向未来，要关注未来社会发展面临的新趋势、新竞争和新挑战，要立足学生未来生存与发展的需求，激发学生的领导力潜能，培养学生未来胜任力，唤醒学生对人类命运共同体的未来愿景。

积极推进学生领导力培养的国际合作、共同探讨面向未来发展需求的学生领导力培养，是全球基础教育研究联盟各成员单位以及各国家和地区教育工作者的共同愿景和共同责任。为此，我们提出如下倡议：

一、努力实现全体学生领导力的发展

学生领导力培养涉及每一名学生的卓越成长与发展，是面向全体学生成长目标的教育，每一名学生都应在领导力发展中实现价值观、道德品格、社会技能、创新能力、共同体意识的成长。

二、坚持全学段培养学生领导力

学校要努力实现学生领导力培养过程的持续性、衔接性，将学生领导力培养始终贯穿于学校、家庭、社区的学习生活全领域，循序渐进，为学生提供与不同学习成长阶段相适应的领导力培养活动。

三、开发卓有成效的学生领导力课程

学校要广泛借鉴、积极开发领导力培养系列课程，通过开发长、短期相结合的专门领导力课程、跨学科领导力课程，形成不同主体、不同层次、不同类型的学生领导力课程发展与实践体系。

四、构建多元的学生领导力实践平台

学校通过与校外机构广泛地合作，构建学生志愿服务平台、学生领导力实践基地，提供丰富多样的资源和平台，让学生有机会选择并学会选择，让学生认识自我，做最好的自己，能够用自己积极的情绪影响同伴，不断为全球贡献个性化的优秀领导力实践案例和学习榜样。

五、全面提高校长和教师的领导力

校长和教师的人格、待人处事的行为，潜移默化地对学生产生着影响。校长和教师的领导力也在影响和培养学生的领导力，因此，要加强对校长和教师领导力的培训。

我们希望，全球基础教育研究联盟在学生领导力培养领域开展广泛交流，团结合作，互相启发，互相借鉴，共同促进世界各国学生领导力发展，努力为人类命运共同体的美好未来贡献教育智慧和力量。

学生领导力的内涵与培养

顾明远[*]

我想谈三个问题:什么是领导力、学生领导力的内涵有哪些、怎么培养学生领导力。

什么是领导力?我认为领导力就是一个人的知识能力和对他人的影响力,最重要的素质是人格,其次是勇气和能力,领导力建立在人格的基础上。我们中国的太极图就包含两个方面,它们互相影响。

领导力包含着自我领导和领导他人两个方面。

自我领导主要是通过了解自己,澄清自己的价值观,实现清晰的认知自我,主动以积极价值观引领自我成长的过程。认清自

---

[*] 顾明远,中国教育学会名誉会长,北京师范大学资深教授,国家教育咨询委员会委员。

我，首先要认识自己存在的优势和不足，逐渐认识自己的价值观，逐渐认清认知内心真实的价值观，道德原则、行为规则是自我领导的关键。在生活中探索真实的自我，是自我探索、自我认知的过程。坚持自我成长、做最好的自己，是自我规范、自我发展的过程。在这个过程中让自己的行为与自己的价值观相符合，也是一个以自律规范自己的人生的过程。

领导他人，首先是尊重他人，了解他人，了解他人的需要和价值观。所谓领导他人，其实质就是与人相处，共同推进事业的发展，只有了解了他人的需要和价值观，才能影响他人，鼓励他人。在领导他人的过程中，价值观的沟通是关键。通过沟通，找到自己价值观和他人的价值观之间的连接点，构建起信任的关系，从而激励和影响他人的成长和发展。

对学生来讲，培养学生的领导力主要指培养学生能够认识自我，做最好的自己，同时尊重同学，善于与同学沟通，互相学习，共同成长。不要误解培养学生的领导力就是培养学生干部，是领导同学和管理他人。但是要养成诚信、正直、谦虚、自律的人格品质，以自己的人格去影响他人。学校需要培养学生的组织能力，学会协调、组织处理各种矛盾的能力。

2013年3月，经合组织发布《为21世纪培育教师提升学校领导力：来自世界的经验》的报告，提出21世纪学生必须掌握四个方面的技能：一是思维方式，主要有创造性、批判性思维、问题解决、决策和学习能力；二是工作方式，主要指沟通和合作能力；三是工作工具，指信息技术和信息处理能力；四是生活技能，主要指做公民、会生活和职业发展，以及个人和社会责任。概而言之，就是学生要做到正确对待自然、正确对待社会、正确对待他人、正确对待自己。

第三个问题是怎么培养学生领导力。我认为，首先以学生为主体，要认识到教育以学生为主体，引导学生自我认知，了解自己有何优势、短处和不足，扬长避短，充分发挥自己的潜力，做最好的自己。在自我认知的时候，不张扬自己的优点，也不回避自己的缺点，逐渐找到对人对事的正确价值观。从小培养学生尊重他人，与他人沟通的能力；形成开朗活泼的性格；能够用自己积极的情绪影响同伴。

现在非常关注社会情绪，学校要培养学生正确的社会情绪。学习不只是掌握知识越多越好，更重要的是要有积极的社会情绪，所谓积极的社会情绪就是有开放的心态、宽容的态度、尊重他人。

前不久，清华大学钱学森班做了一些总结，我认为这些总结非常好，具有发展前景的学生应该具有以下五个品质：内生动力、开放、坚毅力、智慧、领导力。

内生动力就是对学习与从事的活动有兴趣、有志向、有内在的驱动力。这是学习、做事的基础，也就是没有兴趣就没有学习。

开放是要有开阔的视野，海纳百川的气度，能够吸收一切有用的东西，在全球化的背景下更需要有容纳百川的气度，能够包容一切。

坚毅力是不怕困难，百折不挠，有韧劲，这对学生来讲是非常重要的。

智慧就是善于思考，勇于创新。你学了以后不加以思考，不培养思考力，就会对学的东西一知半解，所以，总体来讲，我们培养创造力，首先要培养学生的创造思维、批判性思维。

领导力就是有团队精神，能够团结同伴，共同前进。学生领导力的培养要在活动中开展。在学习和生长中认知自我，了解他人，在矛盾中学会化解矛盾，提升判断是非、善恶、美丑的能力。

以学生为主体，让学生在活动中学会与人沟通，学会组织和协调能力，影响别人。领导力更重要的是跟别人沟通，要有沟通能力、组织能力、协调能力。教师的人格、待人处事的行为，会潜移默化地对学生产生影响。教师具有领导力也就能培养学生的领导力。

这是我对培养学生领导力的初步认识，在当前的背景之下，我们更需要培养学生尊重人类、尊敬生命、尊敬和平，为人类做出贡献的精神。领导力更多指向互相沟通，互通互鉴互学，促进共同发展。

在集体组织中培养学生领导力
——石家庄外国语教育集团学生领导力培养的探索和实践

裴红霞[*]

马克思指出:"人的本质是一切社会关系的总和,社会属性是人的本质属性。"我们每个人一出生就置身于一定的社会关系中,只有在社会关系中,人才是真正意义上的人。社会中的每个人都必然要生活在一定的组织之中,个人和组织成为一个统一体,有着密不可分、相互依存、相互促进的关系。

一、领导力是推动社会进步变革的强大力量

学生的领导力事关国家的未来,所以,世界各国都非常关注学生领导力的培养。每个国家或组织都需要培养新一代的具有强大领导力的领导者,使其能够推进国家和组织各项事业的变革和进步。从人类社会发展的历史来看,自由、权利、民主从来不是

---

[*] 裴红霞,石家庄外国语学校校长。

从天上掉下来的，也不是自上而下赐予的，而是凭借信念和意志经过理性争取得到的，其程度从来都取决于人们坚守正道、向善向美的信念、信心和行动，取决于人们对推翻旧制度建立新生活的领导力。

19世纪中叶，国际共产主义运动在欧洲兴起，1871年的法国巴黎公社革命虽然失败了，但是诞生了这首讴歌巴黎公社战士崇高的共产主义理想和英勇不屈革命精神的战歌——《国际歌》（L'Internationale）："起来，饥寒交迫的奴隶！起来，全世界受苦的人！满腔的热血已经沸腾，要为真理而斗争！……不要说我们一无所有，我们要做天下的主人……从来就没有什么救世主，也不靠神仙皇帝！……要创造人类的幸福，全靠我们自己！……"这首歌鼓舞着全世界的无产阶级为彻底推翻旧社会，建立新世界而斗争，展示出他们改造社会、创造历史的巨大力量。国际共产主义的胜利取决于社会最底层的工人无产阶级的领导力。

2019年是中国五四运动100周年。100年前，中国爆发了震惊中外的五四运动，这是中国近现代史上具有划时代意义的一个重大事件，是爆发于民族危难之际的一场以先进青年知识分子为先锋，广大人民群众参加的彻底反帝反封建的伟大爱国革命运动。五四运动以来的100年，是中国青年一代又一代接续奋斗、凯歌前行的100年，是中国青年用青春之我创造青春之中国、青春之民族的100年。无论过去、现在还是未来，中国青年始终是实现中华民族伟大复兴的领导力量！

2019年也是新中国成立70周年。70年前，毛泽东在北京天安门城楼向全世界庄严宣告了中华人民共和国的成立,中国人民从此站起来了。这一伟大事件,彻底改变了近代以后100多年中国积贫积弱、受人欺凌的悲惨命运,中华民族走上了实现伟大复兴的壮阔道路。70年来,中国共产党团结带领全国各族人民同心同德、艰苦奋斗,取得了令世界瞩目的伟大成就。(2018年中国经济总量突破90万亿元,成为世界第二大经济体,中国的经济实力、科技实力、国防实力、综合国力已进入世界前列),中华民族实现了从站起来、富起来到强起来的伟大飞跃。中国的昨天已经写在人类的史册上,中国的今天正在亿万人民手中创造,中国的美好明天依然要依靠全体人民的共同努力。毛泽东曾经说过:"人民,只有人民,才是创造世界历史的动力。"

2015年,习近平总书记向世界提出"人类命运共同体"重大倡议,呼吁国际社会树立"你中有我、我中有你"的命运共同体意识。近几年我们欣喜地看到,这一中国方案正在由倡议上升为共识,由理念转化为行动,构建"人类命运共同体"的愿景与路径正在成为指引国际关系的重要准则,成为创造人类幸福生活的共同理想,在未来不确定的世界显示出强大的领导力、感召力、影响力。打造人类命运共同体,更加需要世界各国教育培养更高素质的具有领导力的公民。

二、中国学生领导力培养的目标指向

从国家层面看,2014年教育部印发的《关于全面深化课程改革落实立德树人根本任务的意见》指出:要根据学生的成长规律和社会对人才的需求，把对学生德智体美劳全面发展的总体要求和社会主义核心价值观具体化、细化，深入回答"培养什么人、怎样培养人"的问题。教育部将组织研究提出各学段学生发展核心素养体系，明确学生应具备的适应终身发展和社会发展需要的必备品格和关键能力，突出强调个人修养、社会关爱、家国情怀，更加注重自主发展、合作参与、创新实践。

2016年，《中国学生发展核心素养》发布，以培养"全面发展的人"为核心，将学生应具备的适应终身发展和社会发展需要的必备品格和关键能力分为文化基础、自主发展、社会参与三个方面，综合表现为人文底蕴、科学精神、学会学习、健康生活、责任担当、实践创新六大素养。

2018年9月10日，在中华人民共和国成立以来召开的第一次全国教育大会上，习近平总书记发表重要讲话，明确指出："培养什么人，是教育的首要问题。我国是中国共产党领导的社会主义国家，这就决定了我们的教育必须把培养社会主义建设者和接班人作为根本任务，培养一代又一代拥护中国共产党领导和我国社会主义制度、立志为中国特色社会主义奋斗终身的有用人才。"强调人才培养要在坚定理想信念、厚植爱国主义情怀、加强品德修养、增长知识见识、培养奋斗精神、增强综合素质上下功夫，要树立健康第一的教育理念、要全面加强和改进学校美育、要在学生中弘扬劳动精神。

2019年2月，《中国教育现代化2035》发布，确定的总体目标是到2035年实现教育现代化，迈入教育强国行列，推动我国成为学习大国、人力资源强国和人才强国，为到本世纪中叶建成富强民主文明和谐美丽的社会主义现代化强国奠定坚实基础，并提出了推进教育现代化的八大基本理念：更加注重以德为先，更加注重全面发展，更加注重面向人人，更加注重终身学习，更加注重因材施教，更加注重知行合一，更加注重融合发展，更加注重共建共享。

以上这些国家层面对教育的总要求，为中国基础教育学校指明了学生领导力培养的方向。基础教育首先是公民教育，领导力是民主社会合格公民的基础素养和综合能力。公民的领导力决定着国家的文明水平、发展水平和创新水平。培养学生领导力，就是培养国家的未来。因此，学生领导力培养是面向全体学生的基础素养和综合能力，而非少数精英或领导所独有的职业素养。

从学校层面看，我们认为学生领导力培养要从小抓起。领导力不是与生俱来的少数人具有的特质，每个人都具有潜在的领导力，因此，领导力的发掘和培养在基础教育领域要从娃娃抓起，一以贯之，衔接培养。例如，在我们的幼儿园，每天轮流有一名学生向全班作晨谈播报，锻炼孩子关注生活、大胆表达的能力。学生在区域游戏前互相交流自己想参加的区域活动计划，让孩子从小就养成有计划、有目的、有步骤地开展自主游戏的好习惯，让孩子学会思考和表达。

在小学一年级，当问到谁想当班长时，人人都举手，我们看到年龄越小的学生这种主动参与、担当责任的意识越强，越自信、表现欲越强，可谓"初生牛犊不怕虎"。

因此，在学生领导力培养中，我们提出"永远不要低估学生的能力"的基本理念，我们构建了幼小初高 15 年一贯制的学生领导力培养体系，可以概括为"五维度、四学段、四自主"。

"五维度"是指学生培养目标：

1. 从学生健康成长的维度而言，学校要培养学生成为德、智、体、美、劳全面发展的人；

2. 从学生立足于未来社会的维度而言，学校要培养学生成为爱国情感、交际能力、协作意识、文明素养、健康身心、创新精神集于一身的人；

3. 从终身学习的维度而言，学校要培养学生成为"自主学习、自主发展、自主教育、自主管理"的独立自主的人；

4. 从促进社会发展和进步的维度而言，学校要培养学生成为具有正确世界观、人生观和价值观的勇于担当的人；

5. 从全球化时代的维度而言，学校要培养学生成为既有优秀中华传统文化底蕴，又有国际视野，具有国际竞争力的人。

如何实现这些培养目标呢？在石外，每一名高中学生都要到山区学校支教一个月，第一周他们集体策划筹备支教工作，然后利用两周时间深入到山区学校，第四周进行总结交流。他们走进班级，召开励志教育主题班会，与山区学生讲人生、树理想、畅未来；他们走进课堂，登上讲台，传知识、讲学法、激兴趣；他们走进学生，同吃同住同锻炼，谈思想、交朋友、定目标。

离开山区学校的时候，每个学生都会给山区学校校长写一封信，对学校工作提出自己的建议。在 2019 届高三学生刘海伦写给井陉县障城中学校长的一封信中,她给校长提了两点建议:一是学生的童年管理能力有待提高,因为他们学习英语的环境局限于课堂,为了给同学们提供一个学习英语的大环境,建议把吃饭时校园里放的山歌换成英文歌或者英语材料,这样可以潜移默化地磨炼同学们的耳朵。二是通过半个月批阅同学们的数学作业,发现许多同学做作业的标准只限于把作业做完,对于纠错和整理工作基本上没有人做,所以建议教师以后布置作业时多关注作业的改错和反思。

"阳光小讲台"志愿支教扶贫活动改变了山区学生,石外高中学生的榜样示范作用,激发了山区学生树立理想、发奋学习、立志脱贫的内生动力。石外高中学生通过山区支教锻炼了自身的综合能力,增强了对中国农村社会的感知力和责任感,在认识到中国城乡教育的差距后,纷纷提出自己的想法和建议,产生了贡献自己力量改变农村现状的强烈愿望。

例如,2018届高中校友石兆铭在参加"阳光小讲台"志愿支教扶贫活动后,利用一年时间开展对山区留守儿童的走访调研,撰写的《没有你们的日子》一书正式出版。2018届高中校友郭浩宇在支教感悟中写道:"参加这样的扶贫工作,我认为算是提前认识社会,能够唤起我们的社会责任感,我想将来大学毕业后,我可能会选择付出自己一年或两年时间,再把这项工作进行下去。"2017届高中校友谷雨萱在清华大学学习期间就经常利用假期回到山区学校作励志演讲,2018年4月,她在清华大学发起了"阳光小讲台励志研学"活动,带领山区孩子到清华大学参观体验，帮助山区学子树立目标和理想。2015届高中校友唐宏博在2019年清华大学本科毕业后参加了清华大学研究生支教一年的项目，现在在陕西延安市延川县文安驿学校支教。

领导力最本质、最基础的要素是一个人的世界观、人生观和价值观。培养学生领导力首要的是培养学生勇于担当的精神气质、服务他人和社会的价值追求。

"四学段"、"四自主"是指：我们结合幼、小、初、高不同学段的学生年龄和身心特点，确定学生领导力培养的理念，为学生搭建"自主学习、自主发展、自主教育、自主管理"的平台。

在幼儿园（3—6岁）我们提出自主快乐发展，坚持"游戏+体验=学习"的理念；在小学（6—12岁）我们提出自主博雅发展，坚持"兴趣和习惯比学习知识更重要"的理念；在初中（12—15岁）我们提出自主全面发展，坚持"全面发展打好基础"的理念；在高中（15—18岁）我们提出自主个性发展，坚持"树立远大理想，做好人生规划"的理念。

例如，在初中阶段，为了保障学生德智体美劳全面发展，我们在开齐开全国家规定课程的基础上，大力进行校本课程改革，研发了德育、体育、艺术、实践等40项校本课程。德育校本课程有6项：爱国、交际、协作、文明、健康、创新（这些德育课程是实现我们五维培养目标中的第二个维度目标的重要途径：培养学生成为爱国情感、交际能力、协作意识、文明素养、健康身心、创新精神集于一身的人）；体育校本课程有12项：足球、篮球、排球、乒乓球、羽毛球、健美操、体操、武术、游泳、滑冰、滑雪、田径；音乐校本课程有7项：键盘、二胡、小提琴、歌唱、舞蹈、戏剧、音乐欣赏；美术校本课程有6项：素描、国画、版画、剪纸、平面设计、美术欣赏；实践校本课程有9项：机械加工、木工技术、机器人科学、人工智能、航模科技、无土栽培技术、3D打印技术、激光雕刻技术、电子控制。

通过这些校本课程提高学生的品德素养、健康身心、审美情趣、实践能力等领导力培养必备的综合素质。

三、在集体组织中培养学生领导力

我们特别重视在集体组织中培养学生领导力。在中国，中小学校的学生所在的集体组织有班级、少先队、共青团、学生会、学生社团等形式。学生通过在集体组织中的学习和活动，不断增强集体主义观念，形成热爱集体、团结互助、自主教育、民主管理，人人积极为集体发展担当责任并贡献力量，人人珍惜和维护集体利益和荣誉等良好品质。下面我重点以班级为例，讲一下学生领导力的培养。

在中国，班级是中小学最基本的组织形式，每个班级都有固定的一间教室，成为学生最基本的生活学习场所。从学生入学开始，学校就根据一定原则将每个学生编入一个班级，学生就开始在班级这个集体中生活学习成长，每个班级都会有一名班主任教师负责，班主任教师的职责就是全面了解班级内每一个学生的思想、心理、学习、生活状况。关心爱护、平等对待每一个学生。认真做好班级的日常管理工作，指导学生维护班级良好秩序，培养学生的规则意识、责任意识和集体荣誉感，营造民主和谐、团结互助、健康向上的集体氛围。指导学生开展形式多样的班级活动，经常主动与任课教师、学生家长、学生所在社区联系，努力形成教育合力。

在班集体建设中我们倡导：

第一，班级自主管理人人有责。我们把班级管理权最大限度交给学生，实现"事事有人做，人人有事做，全覆盖无盲点"的自主管理目标，让每一个学生的自律能力、组织能力、沟通能力、协作能力等都最大限度得到锻炼，体验到自己是班级主人的责任感、荣誉感和自豪感。

第二，课堂自主学习合作竞争。课堂上以小组为单位开展组内合作、组间竞争，小组实行每周积分评比制度，将小组表现、学习成绩、文明守纪、卫生状况、课间秩序等纳入积分评比内容。每位同学都心系小组、心系集体，在竞争中也增强了小组、班级的凝聚力。

第三，班级文化共同建设。班级建立之初，全班同学集体讨论确定"班级名称""班级口号""班级目标""班级公约"，设计并制作"班徽""班旗"，创作"班歌"，用班级文化引领团结和谐、积极向上的班级风貌，形成师生共同的价值追求。

第四，班级活动人人参与。以班级为单位组织开展读书节、健康节、科技节、合唱节、艺术节等校园活动和校外社会实践，为学生创造人人参与、自主策划、自主实施、展现自我的平台。

在班集体中培养学生领导力是非常有效的方式。比如，七年级的"我爱石家庄"主题社会实践,就是以班级为单位开展,围绕着石家庄的历史、文化、资源、城市管理和城市发展等内容开展社会实践课题研究,培养学生"住在石家庄、了解石家庄、热爱石家庄"的家乡情感。每班选定一个课题,成立课题小组,利用半年时间,在节假日、双休日开展社会实践课题调查,分为四个步骤:一是选题阶段。每个班级的学生在班主任教师的指导下讨论选择自己关心的问题作为研究课题。二是论证阶段。邀请相关专家、家长志愿者作为课题研究的指导教师,各班组织召开选题论证会,研讨选题的科学性和可操作性,最终确定社会实践课题。三是制订课题研究方案和实施阶段。利用节假日、双休日进行实地考察、走访调研、收集调查数据、分析汇总数据。四是撰写课题研究报告,提出解决问题的方案和对策。这些课题研究的成果报告得到了石家庄的城市规划、城市管理、市场监督管理、交通管理、民政、园林、环保、文化旅游等相关部门积极回应,各个班级还通过电视台、报纸、网络等媒体对班级的社会实践进行追踪报道,扩大社会实践课题的影响力。

例如,关于石家庄市垃圾分类实施情况的调查。

选题的背景:随着社会文明进步和国家节能减排政策的实施,中国许多大城市推行垃圾分类,促进可再生资源的再利用。石家庄作为省会城市 2013 年开始进行社区垃圾分类试点,同学们想调查了解一下石家庄垃圾分类的实施情况。调查范围和内容主要是选取了 17 个具有代表性的社区和公园。全班学生分成 8 个小组,制订走访调研计划,设计制订访谈提纲和问卷调查表,同学们通过实地观察记录以及对社区居民、物业管理人员、环卫工人的访谈和问卷调查，了解分类垃圾桶的设置和使用情况，市民对垃圾分类投放的自觉意识和日常行为状况。在了解现状的基础上，学生通过收集资料、数据统计、分析汇总，发现需要解决的问题主要是：部分小区的分类垃圾桶设置不合理，数量少，维护使用不到位，不方便居民投放垃圾；环卫工人收集垃圾不分类；垃圾分类知识的宣传不到位，居民缺乏分类标准的认识；多数小区没有专门的有毒有害垃圾回收处，存在安全隐患等。最后同学们讨论研究制订解决方案，给城市管理部门提出了社区垃圾分类的建议：要加大垃圾分类知识的宣传，可以拍摄公益广告；在社区居民中普及垃圾分类的标准和有毒有害垃圾处理的知识，提高居民按规定分类投放垃圾的自觉意识；加大分类垃圾桶的配置数量和种类，不同种类垃圾桶的颜色标识要显著统一；加大对环卫工人回收垃圾的培训并配备相应的装运车辆，科学合理定时收取不同种类的垃圾。

这样的社会实践，让学生有计划、有组织地走出校园、了解社会，通过观察体验、走访调查、座谈讨论等方式，加深学生对社会现象和问题的认识，使学生学到了很多在课堂上学不到的东西。社会实践的过程，对于学生来说，锻炼了关注社会，发现问题、分析问题和解决问题的能力；学会了实事求是的科学态度和严谨的科学研究方法；提高了沟通交际能力、团队合作能力和文明环保等意识；增强了社会价值感、责任感和使命感，提升了综合素质。

班级、少先队、共青团、学生会、学生社团等集体组织是培养和发展学生领导力的重要途径，石外集团这个大集体为学生提供了各种参与领导与被领导的平台和实践锻炼机会。在大大小小的集体组织中，学生凭借成长所积蓄的领导力，必然能够适应未来社会的竞争和挑战，成为推动和掌控未来世界变革发展的力量。

利用跨媒体培养学生的领导力

伦道夫·特斯塔*

我曾经在好莱坞工作12年，媒体背景是我的思维底色。今天，在来开会的火车上，我在过道里来来回回走了两趟，我很惊讶于很多人在看报纸、读书、读杂志，但数量远远没有我期待的多，我看到很多人戴着耳机。早上，我看到很多人都盯着自己的微信，即便我在说话的时候，也有人手里拿着手机或者在做别的事情，大家都沉浸在媒体的世界里。今天，我要告诉大家，在发达国家，排在睡觉之后的青少年参与度最高的活动，是待在屏幕之前，不管什么类型的屏幕。

学生们花了太多的时间在屏幕上。我之前教过八、九年级的学生，这些男生有的甚至没有读写能力，我们怎么做呢？我们给

---

* 伦道夫·特斯塔（Randolph Testa），美国哈佛大学教育研究生院项目副主任。

他们读小说，但是首先我会给他们看电影，这本小说的电影，然后再给他们读，因为如果这个孩子通过看电影脑海中有了故事的框架，再让他们去看书的话，他们脑海中有故事的框架了，就会容易一些。

今天的话题是媒体，我会谈到和媒体打交道的方式，然后再和大家探讨媒体和学生领导力之间的关系。但是，大家可以随时关注今天下午你身边的人在做什么，他们有没有在玩手机，这不是一个坏的事情，这就是我们现今的世界，学生也是这样的。我们推断很多高中生一年大概去电影院七次，那教师呢？教师能有多少次去电影院的机会，两次，这是学生在自己的休息时间做的事情和教师做的事情之间的不同。

从国际范围来看，当《黑豹》电影上映的时候，学生甚至会看三次，可是很多教师没有看过《黑豹》这部电影，这个现象有意义吗？我认为非常有意义，我认为教师现在面临困境，因为他们没有做的事情恰恰是学生做的事情，因此会与学生产生了"断代"感。

今天与大家聊跨媒体。儿童和青少年现在在屏幕上所花的时间超过了以往任何时候，而他们的阅读时间越来越少，在去年有三分之一的美国成年男性没有读小说，没有，完全没有。我说的并不是杂志、报纸，我说的是读书。读书甚至会影响你参与的一些社会活动，如投票，参与到社区的一些事情，这些是息息相关的一些行为。读书非常重要，会影响人的行为，我说的读是真正的文学阅读。

有文章报道，当学生看电影的时候，他不管电影的内容，而是随便选电影坐下来，就像逛商场是即兴的，跟朋友一起走进电影院。青少年尤其当他在十三四岁的时候，更愿意去电影院，可是到了15岁去的次数就少了。学生领导力和这个有什么关系？我为什么要反复说这件事情？

这其实和电影票价有关系，因为到15岁的时候，他们要付成人票价了，通常是儿童票价的两倍，另外，他们还可以买盗版DVD，在电影上映的时候就能够买到，毕竟成本更低。所以，他们可能在手机、电脑上看电影，还有一些学生在网上下载电影，但是，他们还是更喜欢去电影院，因为不如去电影院看效果好。这些都是青少年的行为习惯。

与此相关的，我们看到在流行文化中，有一个日益增长的趋势，那就是把书改编成电影。过去有五分之三的电影都是基于书或者短篇小说改编的。这是我们思考的问题，也是哈佛跨媒体实验室思考的问题：孩子接触更多的多媒体会不会有助于提高他们的学习能力或者是社交能力？

书本和电影改编之间有什么关系？大家都知道电影有各种各样的类别，电影和书肯定有差别，那又如何呢？差别重要吗？我认为媒体所产生的差别给我们带来更多的机遇。教育者能够利用好不同媒体之间所展现的一些差别，通过不同媒体的资源能够完整地讲述一个学术的和社会的故事，能够提高学生的社交能力，这种社交能力我认为是领导力的一个基本和根本。

领导者有什么样的技能呢？比方说社会技能，还有理解能力，同理心、公民的意识、自我的意识和对多样性的包容，这些能力都可以通过一些学术能力获得，包括像深度理解的能力。

我想举个例子，电影《奇迹男孩》，讲的是五年级的小男生，他叫奥吉，他先在家里由母亲教他读书，他的面部有很明显的缺陷，在五年级的时候他母亲跟他说你需要去学校和别的学生一起学习。奥吉去学校的时候，被很多同学嘲笑，因为他长相奇怪，很多学生看到他之后就跑开了，大家传言碰到他之后就会感染到他的疾病。这个故事本身不是一个轻松的电影。他有一句话："我希望每天都是万圣节，你们都可以一直戴着面具，所以，在戴着面具的时候能够彼此沟通，能够了解对方，而不是一开始就能看到我面具之下的脸。"

他只是个普通的孩子，一个普通孩子如何成长为领导者，具有领导能力呢？我只是个普通的孩子，我也没有想成为一个领导者。但是他不是普通的孩子，因为他的面部缺陷。这种病的全称是面部肌肉无力症，这种情况更多是一种面部肌肉的缺陷，是一种罕见病，大概每五千人里只有一名患者患这样的病。我今天就探讨一下这名孩子是如何成为真正领导者的。

现在，我们看电影故事有三种渠道：第一种是多媒体，第二种是跨媒体，第三种是跨媒体的使用。我来解释一下什么叫跨媒体，这是我们的模型，包括了学术文本、伦理文本和美学文本。故事讲解本质上把学术、伦理和美学不同的解释进行整合，这是我们现在做跨媒体的时候针对的三个不同方向，学术、伦理和美学。

在这一部电影中,其实,我们有三个不同的角度来理解人,儿童和成年是了解这部电影不同的角度。成人和儿童有什么样的解释角度呢?

我们选择《奇迹男孩》进行文本研究,故事本身很成熟,是由学生阅读,教师选择,同时,它彰显了儿童领导力的真实状态,甚至如何通过教师和学生互动强化这样的领导力。我发现有两个技能对学生而言非常关键,首先就是从多角度来观察同一个事件的能力,第二个是他的同理心,这两种能力最好是有一个领导,或者是有一个模范来表现,我们选择一些内容和文本来进行体验。

我们讲到了书和电影,其实,书和电影就是非常好的手段和方法。一个好的故事,它本身的故事和价值是非常深刻的,跨媒体能够更好讲述文本的故事,能够直接在故事中彰显学生领导力。同时,在探索伦理层面问题时有两个方式:一是探讨,二是反思。我们发现,学生更容易产生与同龄人对照的思考,我认为教师不必参与其中,让学生自己去沟通,他们能够更好地探索。

在具体介绍内容的时候,我还需要指出几点,关于如何利用电影这一大众传媒。在美国,为了更好地利用这些大众媒体,大家开始研究电影对儿童的影响,大家担心电影会产生一些负面效果,美国第一次开展电影的研究,想了解电影对青少年的影响,尤其是一些暴力和情色镜头,会使青年受到不良影响,这是早期研究人员的担忧。所以,在美国利用G、PG、PG13等这种标准对电影分级,现在美国还在用,很多教师担心会产生一些不良影响，会非常依赖评级系统。

因为担心不良影响或家长、教师的反对，有些人不敢使用电影素材，但我认为这些电影素材还是很重要的。在当今世界，读书这个行为已经面临变革，许多教育者会把视觉教育、技术教育、媒体教育和其他文化传授囊括进来，共同定义所谓的学识，实际上为了能够更好阅读，学生和教育者必须能够解读各种媒体类型中所产生的信息。

《奇迹男孩》是一部非常好的电影，当电影中出现音乐的时候，我会在课堂上问学生，为什么这里会出现音乐？这音乐有什么作用？为什么会有小号的声音？我会告诉大家小号的音乐是非常重要的，告诉他们看到什么，告诉他们会有什么样的作品，这就是所谓的媒体教学。

跨媒体指的是通过不同的媒体平台来传授一个故事，这并不是说这个故事是从某一个平台直接移位到另一个平台，就像把一部小说改编成一部电影一样，往往每一个平台都会用到，不管是提供一些背景故事，还是改变某一事件，或者某一些观点的改变，或者是人物的改变等。这个故事能够在不同的平台上流动，这就是我们现今的社会，就是我们所生活的跨媒体世界。

我们提出识别故事的三种方法，又称三大支柱，通过这三大支柱，我们把书和电影等媒介建立联系，从学术的角度看，也会从美学和道德的角度看，这种方法有助于更好地比较一个故事在不同角度上的差异性。

在美国有一句谚语：自己一无所知的时候无法传授他人。我们今天探讨领导者，要从自身的领导力开始思考。《奇迹男孩》中的成年人，他们在故事中面临什么困境呢？在电影中我们怎么描画这些成年人呢？成年人有没有区别和共同点？你在教授之前就要读懂他，教师本身也要理解这个故事。

首先，从第一支柱美学的角度来解读，这个故事的叙述方式和形式是什么？叙述方式对故事产生的效果有什么影响，会如何影响读者和观察者？每个学生都有自己的想法，就好像拼图一样，这些观点最后可以拼在一起。这些是大家的艺术选择，有时候教师会说我喜欢这本书，书总是比电影好一点儿，可是我们现在想说的是，你把两个东西拿出来比一下，你看书和电影有什么区别，这才是学生感兴趣的，学生想知道有什么不同，又产生什么影响。

接下来，我们来看书和电影的美学差异。在书里，朱莉安这个男孩儿一直在嘲笑奥吉，后来被奥吉的朋友打了一拳，当时家长和学校的校长之间有很多邮件沟通。我们看一下其中的一段邮件。她说："亲爱的先生，我和他们沟通了，他们说很遗憾出现了这种殴打事件，我现在给你写这封邮件就是想告诉你，我的丈夫和我支持你的决定，让杰克回到我们的学校进行两天的停课，尽管我认为打孩子可能是学校里需要处理的事情，我也认为这种极端的措施并不是很可行，可是我们知道奥吉的家庭，我们很了解他，因为我们的孩子是一起上幼儿园长大的，我们也有信心所采取的任何措施都会避免类似事件的发生。"她认为杰克是奥吉的伙伴，问题并不是朱莉安嘲笑了奥吉，或者说杰克又打了朱莉安来维护奥吉。他的母亲说奥吉有一点儿问题,因为奥吉是特殊男孩儿,好像不应该来到他们的学校。这是书里的内容,我们再看一下电影是怎么改编的。

电影这一幕中,我们看到一位有力的学校领导者,而家长只关心自己的孩子,电影里他们没有做一些幕后的支持,与其他家长搞好关系,而朱莉安的家长威胁校长,说他们给学校捐了很多钱,他们会和其他募捐者沟通这个事情。是什么影响了这两个作品的不同呢?朱莉安的反应不一样了,而朱莉安的家长对于校长的态度也是不一样的。

第二大支柱就是学术的角度,这个故事会不会影响批判性思维,还有我们的深度思考能力以及表达能力。

第三个角度就是伦理的角度。这个故事如何促进不同的伦理对话呢?如何解决伦理的难题呢?其实,这也是学生领导力显著的标志,解决伦理冲突。我们看看成人角色,因为成人的伦理道德其实是一直起到规范作用的,我提出三个问题希望大家去思考。

第一个问题,为什么说朱莉安的妈妈想要将朱莉安的行为怪罪在奥吉的身上?第二个问题,如果你是一个学生看到朱莉安和杰克在打架,你会鼓励朱莉安的妈妈做什么呢?第三个问题,如果你身为父母,你收到了一张照片,你看到了奥吉的照片,他的人像不在这个照片里面,你会有什么样的反应?

我们了解到导演、作者是怎么来了解故事背后的伦理冲突,导演说他很喜欢这个故事,他的孩子刚好在当时出生了,那个时候那个时刻能遇到这个故事，了解他的父母和姐姐之间的互动，他非常感动，也感受到所有的冲突张力。他记得自己是孩子的时候也有类似的经历，他认为这本书很有深度，故事很丰满，他认为这是在过去十年最重要的一本书，非常有艺术价值，特别是对儿童而言。

书的作者是这么说的，他想了解故事在电影中将怎么样重述，他说他看到这个故事增加了更多的层次，有更多家长的角色，在书中只有从孩子的角度来看父母，而在电影中角度更加多元，家长其实也是故事中的核心角色，然而在背景中家长也是非常复杂的背景组成，所以问题来了，学生和教师之间究竟伦理的天平是怎么样出现了转移？我们还听到了来自记者方面的声音，不仅是关注对奥吉本身的纠结，更多的是他姐姐的困局，包括他姐姐的态度以及是怎样承受压力的。电影有更多的角度了，有家人、朋友、学校等角度，这些都混合在了伦理的地图中。

在《奇迹男孩》中学生领导力意味着什么？以及我们怎么样理解学生领导力。这是我们简单的答案，也是哈佛商学院的定义。所谓领导力是让别人更好，由于你的存在他人更好了，而且你的影响在你出现的时候就会持续发展。

在《奇迹男孩》中我认为有三个关键转折点，第一个转折点是奥吉这个小男孩遇到了很多嘲讽和欺凌，像朱莉安这样的孩子一开始对他非常不友善，他也遇到了友情危机，他当时最好的朋友告诉别人："如果你再用奇异的眼光看奥吉的话他会杀了你。"同时，他要处理家庭关系，因为家庭也有一些困难。在这三个情景中，奥吉其实遇到了很多伦理矛盾，他要选择前进，在这三个转折点中他产生的影响都非常好，他不光是影响身边的人，还对整个学校的文化以及学校的气场产生了影响，我认为这就是所谓的学生领导力了。

我们在哈佛做过学生调查，去了解这部电影的影响力。有的人说可能是染色体的问题产生了一些面部畸形，产生了恶意和忽视。这就意味着关于男主角出现的生理缺陷会引发人们社会意识和疾病意识的增加，能够让我们更多地去关注校园欺凌和校园霸权的现象。可以说电影是一个平台，这个平台是由《奇迹男孩》这部电影所真正推出和打造的。

第二个是我们产生的意识变化，一个女孩儿有这样的疾病，她看过这部电影之后，她在学校交朋友会更快，这就是意识层面到了行为转变方面。这是一个父亲给我们提供的案例，他发现女儿看完电影之后变得更有能力去交朋友。

最后一个是来自它的动力，这部电影应该放给年轻人和成人看，因为它告诉人们怎么样去应对多样和不同的人群。阅读或者是观看这部电影是第一步，更多的教师也应该参与进来，参加更多的反校园欺凌活动，这些观点或者说行为本身就是电影所带来的，能够让我们去关注更多的身体有疾的人。

总之，跨媒体分析关注当一个故事跨平台进行传输的时候有什么样的区别，也鼓励学生作为一个批判性的读者或观看者，并且也引导教师愿意接受媒体作为他们的盟友，使用这种方式，当我们遇到像《奇迹男孩》这样故事的时候，就很有益了。学生能够亲眼看到、反思、练习，感受到所谓的领导力是什么，像奥吉这样的人就是他的榜样。

附：围绕上述内容的问与答

问：我也是本校的一个教师，在我的课堂中也会使用媒体教学，我有一个问题就是怎么平衡教学时间，因为我们毕竟还有自己的教学计划、速成计划等，所以像这样的一部电影我们怎么去平衡它的占比？它的时间？怎么去深挖它的意义？毕竟时间太有限了。

特斯塔：非常重要的问题，因为很多学校把放电影看作浪费时间，他们认为回家看就好了为什么要在学校看呢？我完全不同意这种观点，最好的方法就是使用电影片段，我们研究过，有一些电影片段是比较突出的。这部电影里所有的学生都盛装打扮参加万圣节，奥吉走进来了，其他男孩儿不知道这个面具下是奥吉，杰克跟其他男孩儿说："我如果看起来像奥吉一样我就自杀了。"最后一幕就是奥吉心碎地走进教室。我非常喜欢这一个片段，你可以把这些片段和书里的片段比较，渐渐你就会发现你在课堂上放的电影片段越来越多。我在小学教学的时候每周五晚上放电影，每周五晚上就是我们的电影之夜，我们会邀请家长来观看，家长看到孩子看电影，我知道这个时候是很有压力的，因为家长都认为你不能在这个时候看电影，其实还有很多方法可以去迂回地做。如果周五晚上我们放映电影，周六就探讨昨晚看的书和电影，这是我们迂回的方法。

很重要的是，如果可以的话，把电影完整地放完是很好的，但是我想说的是用手机看电影不是最好的方法，电影这个东西就应该在大屏幕上看，它的音效是重要体验，就好像大家去听交响乐，这就是整个艺术的一部分，不同的艺术形式有不同的最佳观赏途径。谢谢！

问：我是一名语文教师，我想提问您的是在我们播放电影和阅读的同时，如果首先播放电影的话，是不是会影响到学生对阅读文本的兴趣？

答：非常好的问题。我们发现先放电影学生们会对小说更感兴趣，其实取决于你的设计，这两个方式都要尝试，毕竟我们一生都在教学，有很多机会尝试方法，不管你决定这两者如何结合，我想说的是你要观看它的后效，看看有什么效果，毕竟有很多像《奇迹男孩》这样优秀的电影，是能够教授学生领导力的，现在有越来越多的书被改编成电影了，所以，我们为什么会跟大家说要选好材料，要选最好的一些素材。

问：您好，我是个高中学生。从您的演讲中我学到了很多东西，我自己也认为看电影确实是更好的或者是不同的一种感受。和读小说相比，我也认为看电影能够帮助我们捋清逻辑思维和批判性思维，然而光看电影是否能够达到这两方面的效果呢？在美国或者在您的学校，在看完电影之后您会安排一些家庭作业给学生完成吗？他们怎么样提高各种能力呢？

答：首先，我们一块看电影，第二天我们花一些时间或者找一些镜头，让大家分组讨论，这一组专门分析美学，这一组分析伦理，这一组分析学术，通过不同的小组分析来看三个角度的不同结果，这就是我们做批判式思维的角度，我们不能说电影和书哪个更好，这样太单调了，其实，我们要做近期的对比或者是同类对比，听上去可能不是很有意思，我去过很多国家的学校，柏林的学校也是离欧洲最大制片厂很近的学校，我们始终在想利用电影去评价，或者培养学生思维也是一个工具，同时，我们有很多电影学院，和很多电影理论的课程，我相信这是一个很好的机会和很好的做法。

张玮珂：我也补充一点，这也是很重要的一个问题，我们一直想在准备教学资料的时候去解决这个问题，我们说的是一种跨媒体的资料，不是说这个故事是在一个平台上展现，其实是在很多平台上展现，它更多的是就近对比，来看这个故事是怎么展开，怎么表现的，学生也会慢慢地更多关注它的雷同和差异，所以大家会问问题，会有很多探讨，会考虑不同教学资源的优劣，其实更多的是开放式的问题，让学生自己来思考。

朱莉安当时和奥吉的相处发生了三个转折点，三个转折点是很好的教育，奥吉当时发现他最好的朋友杰克告诉别的男孩儿如果他自己长得像奥吉的话他就自杀好了，这就是一个转折点，你感觉到被自己的好朋友欺骗了。我们其实也问了很多学生，杰克是奥吉最好的朋友怎么会这么说话呢？听上去很奇怪吧，因为他们是最好的朋友，是哥儿们，他们从来不吵架，同时，玩得很开心，为什么他的哥儿们突然说这么一句话出来？非常伤人，他背后的动因是什么？作为教师我认为这就是一个切入点，能够更加全面思考这个问题，提出这个问题其实不是找到唯一的正确答案，而是让学生更多地思考、探讨，让他们去头脑风暴，我想有很多深刻的理由能够浮出水面。

特斯塔：非常感谢。现在为什么朱莉安他只会欺负奥吉呢？为什么他有这样的行为？他可能就是喜欢欺负人呗，这是很简单的答案。如果大家认真去阅读整个故事，从朱莉安的角度来看，其实，我们听到了很多不同的想法，这也是我们要思考领导力的源头，你要去看角度，如何感同身受，来感受你的想法，这是我们现在去鼓励大家思考的，因为故事对学生有意义，大家可以思考一下。

张玮珂：其实，我们课堂上的学生也会想做一些这样的研究项目，为什么朱莉安想欺负奥吉？可能我们学校我们教室也有这样的学生吧？

特斯塔：我教过八九年的学生，我相信大家可能都有这样的经历，被嘲笑、被欺负，这就是故事本身的意义和力量所在，大家都知道这样的经历，都有这样的体验。

问：听到您的分享我有自己的想法，也想在此说一说。说到电影我有一个理解，电影是集结了很多力量的一种完美的结晶，特别是好电影。学生在班里有我们所说的优和差，在这种情况下好的电影对于较差的学生而言是一种引领，他这个时候就会发现自己和他人的差异而有一定的思考，辩证看待自己，从而内驱力得到激发，得到一定的进步。

这里面就会看到学生差异，它是不同的家庭背景或者生活环境导致的，这样的榜样力量我们寻找起来会有很大困难。您今天所说的电影，特别是好电影的素材，对于有待进步的学生来讲是一个很好的窗口，他们可以从此找到更好的突破口。

对于优等生来讲他们在观看电影的过程中会有哪些启发？对他们的成长来讲，会有哪些激发他们内驱力的方面？

特斯塔：谢谢你的问题。用你的话来说，对于好学生和坏学生，电影都能看，就是看大家所吸收的点，其实，学生之间首先能够学习，这是领导力的关键点，彼此之间能量的流动。比方说大家应该看过《喜福会》有四对母女。我们当时选取了电影中的父母来做分析。在《喜福会》中这四对母女有很多伦理问题大家可以去看，大家可以去读书、看电影，理解内涵。现在是2019年了，我们看到了女性在中国可以真正上学，不像几十年前，所以她们有机会，让这些人在毕业的时候能够谈谈她们的母亲，她们是怎么被培养长大的。我不知道一个批判性的分析会怎么分析这部作品。去年我们放映了电影的10分钟，要不您跟我们说一下？

张玮珂：那是我们第一次放映这部电影，当看完了电影之后，整个教室都安静了，没有人说话。

特斯塔：我们当时只放了电影的前十分钟，然后把灯打亮，因为前面的一幕是一个年轻女士要回到中国，探望自己的亲友在告别，我们就把灯打亮了，然后我问：你们作为一个年轻女性有此同感吗？教室里鸦雀无声。但并不是那种我不想回答问题的安静，而是说这是一个非常大的问题我不知道从何说起，所以，两分钟之后我说那好吧。那有什么样的结果呢？课后每个人都走向我跟我私下分享，他们只是不习惯于公开分享。今年我们会把电影和书放在一起用在课堂上，然后会设计一些非常具体的问题，我们会邀请学生参与。更重要的是，我们希望这种方法能够回答他们内心的疑问。故事的作用就是以陈述方式去传达教学，让你的学生以第一人称来写下他们自己的经历，这会是非常好的方法。

张玮珂：我想回应一下您说的这一点，我当时在一所学校，我们有一门课叫公开陈述，其中一半的课程都是告诉大家什么是陈述，什么是小说，怎么去说故事，怎么去表达个人经历，这种学校似乎应该是培养新一代的领导者的，但是那门课却过度陈述故事，我非常认同特斯塔的观点，这种陈述式的说故事方法不仅仅说的是故事本身，它是关于怎么利用故事来激励别人，促进学生形成自我意识，他们可以有更多的自我激励。

特斯塔：就是这样。

榜样与引导：发挥学生的话语权和领导力

苏珊·恩菲尔德[*]

下午好！今天和大家分享我们提高学生领导力和潜能的经验。

提高学生领导力，首先，要让学生有能力发出他们的声音。在传统教育中，教师有责任让学生获得更多的机会表达他们的意见，他们可以自行选择课程，他们可以影响教师的决策，我们要支持学生领导力发展，同时要有可持续的方案，要让他们真正参与进来，他们的声音不仅能被听到，同时能够展现在日常生活中。通过倾听学生的声音，我们为他们提供了很多路径，同时也真正地和企业、非政府组织和政府结成合作伙伴关系，利用华盛顿特区"21世纪教育领导力"方案，我们向人们展示所有学生的

---

[*] 苏珊·恩菲尔德（Susan Enfield），美国华盛顿州海莱恩公立学区学监。

发展路径，以及他们如何变得更聪明、更有智慧。

我们总共有19000名学生，他们非常聪明，也是非常有希望的，他们的家庭来自全球不同的地区，使用语言超过了100种，像西班牙语、越南语、索马里语。5%以上的学生都说小语种，而且70%以上的学生会带他们的民族食物。我们学区共有33所学校，有19000多名学生，有3200名教员，语言种类超过100种，同时有2890名学生需要特殊的服务，有13000名学生需要获取免费自助午餐。

我们有自己的使命，每个学生都有名字，都有自己的需求，都有自己的实力，同时，他们有自己选择的未来，这是我们的战略，这也是我们战略和课程安排的基础。承诺是我所说的学校DNA，它引导了我们一切行为和决策。

学校发展基础包括以下几个基石：首先是平等，这是我们建校的基础，我们会消除所有的偏见和不平等，让所有的学生都有同等成功的机会。其次是指南，学校给学生提供机会，让他们感受到学校的标准，同时，我们关注学生的关系，因为我们把他们当作人来看，一个独立的个人有名字，有能力和特色。最后就是提供支持，为了帮助他们实现成功我们给予他们全面的支持。

我们的宏观目标被纳入到我们的战略中。第一个目标是建立良好的校园文化。我们的学校应该是安全、充满友好和温馨的地方。第二个目标是我们需要学生在这里成长，能够成为一方面的专家，我们有自己的评判标准。我们希望每一个学生毕业之后都能够选择他们的未来之路，而不是帮他们选择未来。为了实现我们的目标和承诺，学生所有的课程都是为他们未来准备的，他们在学校内学的和学校外所追求的本质上没有差别。

此外，我们还让他们去探索职业之路，让他们真正感觉到有学习的机会。有的企业会提供实习机会，像波音在西雅图有研发中心，还有我们社区附近的中小型企业，这些职业网络也能够帮助高中生找到合适的人生之路。在2013年，只有62%的学生成功毕业了，去年数据提高到81%，比我们的目标要更高一些，我们在不断提高毕业率。

在海莱恩，为了让学生顺利地毕业，为他们选择一个美好的未来，我们更关注的是教育和经济之间的关系。我们也在思考，怎么让学生去满足市场和劳动力的需求。华盛顿2030教育目标提出学生要成为有竞争力的职场新人，他需要学习信息技术和生活技术以及21世纪的新技术。我们也关注学生在这个领域的领导力，让他们能够自学，能够更好地选择未来，能够成为下一代的领导。

在海莱恩，我们有航空学校，这个学校非常关注航空和航天方面的项目，我们非常想跟他们合作，他们关注个性化的发展，每个学生都受到尊重，都受到欢迎，多样化的学区环境让学生之间结成强劲的互助小组。学生不光是学习理论知识，他们需要把理论知识和真实的航空航天知识进行结合，教师也会组织很多挑战赛帮助学生提高他们的技能。

学校也是根据项目开展教育理论实践，他们始终站在创新和科技的尖端，每个学生在项目中会有一个导师，九到十年级的时候有教师陪伴一直到毕业，导师会给他提供学习职业和实习方面的人生建议：你是否要进入到当地的企业或工厂工作，像微软和波音。他们会和学生签署一些非常规性的实习合同，学生获得合同之后，他们就会以团队的方式为这些企业带去更多的产品，他们会有一些航空航天专家指导来完成，这些项目包括设计一些车，以及机器人比赛。最近，他们参与的就是全国飞机引擎比赛，这也是最有影响力的高中生比赛，有来自不同国家和地区的几百名学生都提供他们的方案。我们还跟西雅图国际机场有合作，它也位于我们学区。这种年度的项目会鼓励所有的学习软件方面的学生充分参与进来，让他们感受到现实世界中更多的机会，能够在研究中找到解决的办法，能够看到真正的机场面临什么样的问题，以及全世界的各个机场所面临的挑战。随着时间的推移，有数以百计的学生通过合作伙伴关系去了很多美国的海港和机场。

我们学校的学生在教育领域可以说树立了一个非常重要的典范作用，他们为未来的职场做好了准备。另外，在整个过程中，在解决问题的时候他们也学会了怎么制定决策，这对于未来的就业者而言也是重要的基础技能，有助于实现可持续性的经济发展。

在创新方面，这些学生承担着发挥领导力的作用，这有助于鼓励他们在社会实践的过程中进一步培养自己的领导力，而且从他人身上学到更多的东西。我们校园因为所处的地理位置，在过去几年里，与社会接触较多。2018年，有一个女孩儿，是个中学学生，遇到了一些犯罪问题，我们有一些学校当时正处在犯罪高发地区的周边，所以整个社区的领导者聚在一起互相沟通彼此的关切，也呼吁所有的教职员工都采取行动保护学生的安全。我们学校和整个州政府部门进行合作，我们要竭尽可能发出自己的声音，有一些学生和家长私下找到我们，和我们分享他们的想法，他们给出了一些建议，我们也会召开社区会议来阻止暴力，保障社区的安全。

此外，他们也会充分接触像市长、市政议员等相关工作人员，提出市民建议，尤其是对于如何避免本地的暴力行为，从而让整个社区更加安静、更加安全，也能够减少交通事故的发生。我们整个社区都会竭尽所能给学生提供平台，让他们发出自己的声音改变这个社会，还有很多竞选者非常强调鼓励学生对于未来的政治有一定的了解，可以说，整个市里的相关官员都为学生做出了很好的榜样作用，鼓励年轻人的参与，他们解决问题，他们设立目标，这些目标就是关于让整个社会变得更好，解决当下影响到他们的问题。

接下来一个领域就是信息媒体和技术技能。它涉及各种学识教育，如信息学识、媒体学识和基础学识。我们谈了很多关于数字公民的概念，学生能够接触到大量的设备、技术和项目，我们能够确保他们为这些项目承担起责任，我们有一个战略目标，那就是让所有学生熟悉这些媒体技术，他们可以自己出版一些东西，他们也会是重要的数字产品消费者，在数字信息时代我们意识到教育学生一定要能够将事实和主观观点分辨开来，能够分辨

41

真假。

　　这是专门从事计算机科学领域的一家机构，它充分为少数人群发声，未来这种解码的计算机技术会是时代所需，它在华盛顿很多的学校都有课程教授，而我们学校也和这家机构建立了合作。我们在高中课程中全面纳入计算机科学相关知识，每一年我们还会有一个全国性的计算机教育项目，学生可以参加这样的比赛，在比赛中学生可以展示自己的计算机技能，也可以教同伴。

　　最后还要强调一下我们的机器人技术，我们鼓励学生参与机器人年度比赛，他们以团队为单位来设置自己的品牌，自己制作一个机器人参加比赛，当然，我们也会有很多教师给他们提供支持，但是学生要在自己的团队中发挥领导作用，充分承担自己的责任，最后为自己的机器人取得胜利做出很好的规划。我们有四个学生团队参加了计算机比赛，我们希望他们能够抓住这个机会自愿主动加入进来。这样的机器人比赛能够使学生充分利用我们学校所有的相关资源以及团队的资源取得成功。

　　第三是生活技能和职业技能。在全美你会发现有很多学监都和我们有过沟通，我们互相分享各个学校的经验。我每周去学校的时候都会有一些非正式的会面，我想要聆听很多人在决策制定过程中的想法，而学监也有自己的领导力团队，任何高中生都可以加入到团队中来发出自己的声音和建议，我们也会培训这些人了解我们学校系统，他们会和我保持六周的联系，相互问问题，提供一些真知灼见，以及在政策方面的建议。去年我们团队更多关注的是心理健康以及特殊教育。

再接下来，要着眼大局，要着眼全美。我们的教育要因地制宜，符合学生的兴趣，我们要建立网络关系，我们要相互咨询，以兴趣为引导，个人经验是非常重要的，我们说学监是学生的导师。去年就有三个学生表示对全球领导力项目的兴趣，他们找到了我。我们也会专门开一些基于学生兴趣的选修课。在我们整个学区会有发挥领导作用的教师在引导相关的选修课。21世纪的跨学科主题，如金融、经济、工程、企业家等方面的知识培养，在我们中学部会有一些全市的比赛，学生需要完成五大目标，要有论文产出、相关项目计划，最后做出总的陈述，学生去年在比赛中赢得第二名的好成绩，在比赛之后他们会参加我们的校董会，把他们的比赛体验分享给校董成员，一般他们都会把自己整个过程介绍出来，不仅仅介绍设计理念，还有他们怎么去集体合作解决挑战的，还有如何培养自己掌握21世纪所需技能。

总而言之，所谓的21世纪的技能，创新、合作、批判性思维、适应能力等都是其中重要一环，而他们彼此需要相互合作才能够实现全面的发展。在海莱恩我们非常骄傲，因为学生确实在校内和校外都展现出这些特质，我们相信学生能够充分发出自己的声音，发出有力的声音，他们会学习到权利不只是为了权利，权利是为了带来更多的改变。作为学校的领导者，我们需要充分展示出投资于像学生这样的个体未来会造福整个社会。

培养有特殊需要的学生的领导能力

安德鲁·莫罗[*]

我有幸站在这里,代表我们学校和学生、教师和家长。我们学区的地理位置在纽约与波士顿之间,是一个非常好的小镇,它有非常完善的教育系统,而且非常方便,周边有耶鲁大学、哈佛大学、哥伦比亚大学几所著名的大学,另外,我们在全美的所有教育领域小镇排名第十。我们也是非常知名的公立学校,我们也有专门的金融学报,也是排名前十未来十年最宜居的美国城市。很多人在社会上占据着前10%的成就地位,我们整个学区在教育领域也是非常排前的。

我们学区的理念是"每个孩子都可以学习"。热情驱动着我们,为学生扫除一切障碍,确保学生有最好的体验,有生动的学

---

[*] 安德鲁·莫罗（Andrew Morrow）,美国康涅狄格州西哈特福德公立学区副学监。

习以及科学的课程。学生有机会去欧洲、非洲、美洲、亚洲,这是教育项目中的重要组成部分,我们非常重视这些交流项目,让他们充分体验不同的学校,可以在各个城市居住一段时间,另外,他们还会开展很多夏季项目,每到夏天的时候都会去上海。

听起来有点儿吹牛,但是我非常骄傲能够成为这个学区的重要一员,我们做了很多努力来培养学生领导力的技能。今天我想和大家重点介绍这样一组学生,谈到领导力我们很少关注于这些最脆弱的学生,可是我认为对于我们的学区而言,重要的一点是帮助最无助的人,在我们学校通常有很多帮助这些残疾学生的机会。我认为对于领导力培训而言,关键的一点是我们所有相关成员都能取得成功,这个过程包括两个项目,一个是志愿项目。这两个项目是为了帮助学生发出自己的声音,促进自我的发展。另外,它能够鼓励同理心的建立,我们非常确信这是我们所需要的软技能,不管是在大学、社会,还是企业。

学生戏剧社基于很简单的理念,就是学生的能力重于他们的身体缺陷。同时,我们还有厨艺比赛,一些身体有缺陷的孩子有别的方面特长,每个学生都有自己的社区,他们都有归属感。不管是朋友小组还是社团或者俱乐部,我们需要建立人和人之间的关系,他们需要走出课堂之外找到自己所属的团队,因为他们除了学业之外还有更多的情感需求,他们需要找朋友,他们也需要和普通正常的孩子做朋友。

我们学校通过统一戏剧社实现目标,让学生能够一起表演,能够真正为我们学校舞台带来更多的表演。在2002年的时候我们有 20 个学生在台上唱歌跳舞，都是一些自制剧。截止到 2019 年，全国 60 所学校和几千名学生完成了面向数万名观众的表演，我们统一的理念很简单，我们需要彰显学生的创造性、组织能力，让他们彰显身体的优势而不是缺陷。

去年高中表演是和奥林匹克相关的，他们创作了一些原创歌曲，强调了他们身体的一些优势。我们鼓励来自各个地区有缺陷的儿童发出自己的声音，使他们也有了归属感和成就感，在社区和学校更有成就。我相信这不光在我们国家产生影响，还会影响到各个地方的更多学生。我们还有一个统一的体育比赛项目，会让一些优秀的运动员来指导一些身体有缺陷的孩子完成体育项目；我们还有一些地方比赛，我们学区和其他学区去竞赛，家长也可以参与进来。

这种领导的能力不只是在课堂上，更多是在课外，他们能够走出校园，参加更多创新性的活动；父母和教师也能够受益，知道自己的孩子是有爱心和同理心的，这个项目给了我们良好的启示，所有的孩子都值得拥有美好的人生，所有孩子都有成为领导的潜能。

第二个，关于厨艺项目。这个厨艺项目是我们的第二个项目，大概针对 11—18 岁的学生，处理的问题就是个人需求：学生如何成为社会上独立的人，如何能够获得更多的社区技能和生活技能，通过厨艺项目可以培养他们独立生活的能力，整个社区有 40 多家企业接受他们作为工人，我们在思考怎么能帮助学生更好地去成为独立自主的人，成为优秀的人。

我们当地也有很多餐饮企业和餐厅，我们利用好这个机会把厨艺项目打造成一个品牌，让学生通过培训在厨房中获得自信和能力。我们第一步是要找到当地的资源，让项目能够运转起来，比方说我们找到了一个厨师长，从他那里了解到相应技能所需，同时我们找到一个空间，有机的厨房也设立好了，能够让学生把这些厨艺技能转换为日常生活技能。我们想覆盖整个食品行业，帮助我们了解食品的来源、食品的准备加工，这就需要当地企业的支持。学生可以顺带学习绿色农业和排放方面的常识。

食品的种植、加工、施肥，每一步学生都能够全程参与，他们的种植技能、个人沟通和个人责任的意识都逐步发展起来了。随着种植植物，他们还可以学习科学和数学的知识。比方说怎么去按照季节和季度了解农时，在这个过程中他们可以把食物带回家为自己、为家人烹饪，这个项目本身对学生而言他们会有主人翁的感觉，他们的声音也能够被倾听。学生在一起会准备一些更加复杂和独特的食物，这种人生体验很独特，这种技能也会带到以后的雇员生涯中，他们还结成合作伙伴关系，参加当地志愿团队，为一些癌症患者带去更好的本地食物，这个项目会成为我们毕业项目中不可或缺的一环，它关注的是生活技能的培养。

我们的统一剧场项目和餐厨项目，给我们带来的更多的是核心技能，一些学校里学不到的东西。

学生如何成为领导

艾伦·克灵[*]

非常荣幸能够参与今天的大会。我自己是一名校长,我们学校从一年级到九年级,是一个小学和初中的结合。大家知道,芬兰是一个北欧国家,人口只有550万左右,所以,总体上芬兰人并不多,我们没有石油、没有黄金、没有矿产,我们一直认为教育是我们唯一的资源,我们应该好好使用,这也是为什么我们非常关注教育,投资也非常高。教育从小学到博士都是完整的,而且是免费的,我们希望为我们的人提供最好的全球教育,大家知道我们总体的教育资源是相当杰出的,也有人问我芬兰现在的发展方式是什么?我简单说一下我们的学校和我们如何把学生作为领导区别对待的,以及我们相关的职业发展。

---

[*] 艾伦·克灵(Eero Kling),芬兰曼宁基学校校长。

我来自芬兰首都区的第二大城市，我们在教育方面的投资力度相当大，可以说超过芬兰任何一个城市，在这个城市有芬兰最好的教育资源。我们的学校是1974年成立的，在一个城乡接合部的地方，这是一所非常普通的学校，结合了小学和初中。2015年的时候，我们学校还被选为芬兰最好的学校，因为我们学校的教育标准相当高。我们希望学生能够应对新世界，能够应对新的工作环境跟生活环境。在芬兰我们有一套完整的国家课程安排体系，这是由芬兰全国教育委员会制定的，全国课程更多的都是一些宏观的描述，其实并没有具体的实现路径，所以，一个学校怎么实现国家教育目标还是看学校自己，每个学校根据宏观目标制定自己单独的实现路径。

　　我们学校该怎么做呢？我想表明为什么我们要选择这些课程教他们，以及现在学习的内容和未来学习内容有什么样的逻辑联系。其实，教师一直想给予学生更多的现实支持和积极反馈，所谓积极反馈可是最难获得的，我们尽可能给予学生更多的积极反馈，在芬兰这也非常少见。我想激发学生的内在创新动力，我们希望学生有自发精神去学，希望他们从要我学到我要学，学生上学的时候我希望他们都是主动想去学习的，希望他们有迫切感。很多国家都有差别，芬兰的特殊之处在于学校就是一所，没有什么学区，我们没有统一的考试，没有全国性的考试，我认为这也没有什么不好的。教师可以真正关注一些他们自己想要教的东西，他们不需要考虑接下来的考试，也不需要让学生准备考试，我们也没有相关监督人员，没有任何的监管人员会来我们学校巡视教学工作，我的主管可能也就是两年来一次跟我打个招呼就走了，我们也没有州学校，也没有私立学校，我们所有体系都是基于一点：都是教师，他们都有硕士学历。

我们会培训我们的教师，之后就会相信他们所教授的东西，在芬兰教师是非常受尊重的职业，而且我们确实能够产出一些最优秀的高中生，他们以后愿意成为教师，他们也会当律师。这就是为什么，我们的国家课标会是这样的，我们要创新，要不就是失败。你在自己的学校可以随时创新，我们选择了这条路，我们期待未来的结果。在我们的学校我们做什么呢？每一个学生首先自己设置自己的学年目标，这些目标还会包含一些传统的课程，如语言课、数学课，但更重要的是在他们的计划中，他们会列入一些其他目标，如他们希望用什么样的方式。教师会设置必须要实现的教学目标，然后就会让学生自己选择学习方法，这样学生就会有更多的空间，我们看到很多时候学生聚集在走廊、咖啡厅、大厅，这些都是他们的学习场所。教师只是提供基础信息，学生在校园内进行分组，当然了，有一个要求就是全程有教师的参与，这样才能给他们尽可能多的支持。

我们还在努力减少测试的数量，教师会评估这个过程，考试和教师平时的评估共同构成他们最后的分数，所以，学生确实是要自己领导自己的学习，他们要制订自己的计划，自己遵守计划，而且很多时候自己竭尽所能实现自己的学习计划。这些就是2016年的课标，当然在新课标出世之后我们非常兴奋，我们认为新鲜事物即将到来了，尝试几年之后我想在座许多人都会以为这已经非常成功了，但是我们还在不断地尝试新的。在实践中谈到学生的领导力永远都要考虑学生自己的发展阶段，这不完全指的是学生年龄，我们教师要切实知道每一个学生的不同点，他们必须要知道每个学生的需求，他的所思所想又是什么，而且教师也要了解整个班集体的现状。

接下来给大家看一下新课标我们怎么展开。首先就是很多国家都面临的问题，芬兰也是如此。那就是男孩儿和女孩儿之间的差距越来越大，女孩儿表现更好，男孩儿相对较差。我们国家教育局给我们提供了很多实施新课标的资源，在这个新体系下这些男孩儿比以前更愿意享受他们待在学校的时光了，某种程度而言这个新课改其实是成功了，我们让更多的男孩愿意回到校园中来，但是从另一方面而言女孩儿压力更大。我们的女孩儿更多地感到忧虑，比如，这种自由度和责任之间的关系，我们还不知道怎么去解决这个问题。当然，现在男孩儿愿意待在学校里了，他们也享受这种新的学习体验了，我当然希望这些孩子待在学校的时候一直都是在学习的，我们还会花更多的研究来回答这样的问题。

在三年时间之后我们会有一些经验，首先就是这个新课标是必须要落实的。我们也看到了多数的学生确实可以自己管理自己的学习过程，但是整个过程必须要有足够的指导，既要有对学生的指导，当然也包括教师和家长的参与。这些家长以前自己上学的时候都是参加普通学校，有很多考试，正常教师的打分，而现在他们孩子的学校发生新的变化，这些家长就会脱节，不知道发生什么样的情况,所以要给他们提供新的信息。

这些青少年是没有办法管理自己学习的,小学生反而更擅长。我们采取了一些措施,可是有的时候发现前进一步退两步,所以是反复的过程。在高中之前九年级的学生好像做好准备了,在学校中我们至少朝着正确的方向努力。

基于领导力培养的策略与路径

维克·得古提斯[*]

在加拿大，教育是一个终身事业，我们看到社会的快速变化，也看到了个人所需要适应变化所具备新增的能力，我相信个人不光对国家，还会对社会都要有等同的贡献。1970年的一篇文章中指出，平均每个加拿大人一生会有五个职业，很难有一个干一辈子的职业。今年的数据又不一样了，加拿大人找工作数量明显激增了，从之前70年的五个职业变成15个工作，这是加拿大人在一生中平均所找的工作数量，因为现在加拿大的人变得更加灵活，大家可以想象我们父母一生中可能就一直在一家就业一家退休，这好像是一个传统，但现在不一样了。

之前，加拿大部长委员会指出，要真正在数学、文学全球竞

---

[*] 维克·得古提斯（Vic Degutis），加拿大滑铁卢天主教公立教育局首席运营官。

争力方面为学生提供扎实的基础，让学生更好地去应对变化和复杂的未来，去适应政治、经济、文化、技术、生态变化的一些常态。教育机构需要真正站出来，提供技能知识和价值观，因为这就是学生今天要变成终身学习者的原因，应该成为积极的全球学员和领导。

同时，加拿大教育部门也提出来全球竞争力是一系列态度、技能、知识的总和，可以是跨学科综合不同的学科在不同的场景上在地方和全球适用的能力，我们知道地理已经不是阻止一个人走出国门最大的理由，我们一定要接受不同的环境，接受冲击。21世纪教育指南指出全球竞争力框架有六大方面：

第一，解决问题和思考的能力。尤其是创新性批判性思维的方式，包括分析、解释、解析、判断和决策、行为一系列思维，我们要认真思考了解问题的原因，它包括你要去解决的意愿，还有实现解决路径生成的意愿和能力。我们要真正掌握现实经验，而不是理论经验。

第二，创新创业能力和企业家精神。包括了一个人能够去实践的能力，你听到一个新的概念到真正落实、执行、使概念变成现实的整个过程，也需要在这个过程中解决很多社会、情感、人际、独立或者是社交的问题，你要去尝试新的方法，从失败到成功需要做很多调研，这需要企业家的精神和思维逻辑，要思考可持续性。

第三，自学能力。自学就意味着你要找到学习的方向、学习的材料来支持你的内心，做到坚持、有毅力和自治性。个人能力是在现实生活中不断修炼出来的,你要监督、调整、管理自我,设定未来的目标,有一定的调整空间,有自己的战略,你还要反思,还要去冥想,看看终身学习你是否有这样的能力。在这个变化的世界中尤为重要。

第四,协作能力。包括人际的交往、思考、推理,个人和自我之间的和解,能够有效参与对方的对话,能够成为团队中的一员。在这样一个日益变化的环境中,在不同的场景下,你要扮演不同的角色、不同的个人、不同的功能。同时我们还需要一些在虚拟世界中打交道的能力。

第五,沟通能力。包括了接受和表达意愿的能力,写作、阅读、倾听、解释,在不同场景对不同的受众都要有效,有效沟通包括理解本地和全球视野,还有社会经济文化的变化,你要适时地去利用不同媒体工具来调整自我,以安全的方式来进行多人沟通。

第六,公民意识。所谓公民意识就是理解世界的观点,能够理解政治、逻辑、社会和经济问题,这也是我们作为一个合格公民生活在现代社会的基本条件。

安大略也提出自己的基础教育战略,跟我们的很相似。他们针对基础教育更多是要去支持全球的能力建设,第一期战略就是抓住基础教育的机会,有四个目标:第一要提高课程的安排能力,要和全球接轨,帮助安大略学生有更好的全球视野,他们的经验和知识也要随之提升。第二要提升对内的教育质量,我们需要在安全友好的环境中开展教学任务,来激发人们文化的意识。

第三要培养学生的专业技能，培养国际教育者的理念。最后一点对于国际学生，在中学可以获得更多的实习机会。

这些课程服务项目越来越专业，此外在学习环境中，学校还需要不断实现个性化教育和实施技术教育。之前有一些嘉宾说到了，其实，领导力是一个综合能力的彰显，它可以单独提高，也可以和别的学科相互提高。在学生领导力培养方面，我们始终认为一定要结合学生方方面面的生活，学校、家庭和校外。第一，在我们学校，我们有相关的领导力的研究方案，还有一些全球领导力的研究，很多天主教的学校都会关注当地的一些核心知识原则，首先所有的学校成员都可以被称作学校领导，不管学生、领导、学监、教师，都可以成为学校服务性的模范和样板。第二，激励，可以包含个人、社会以及其他的一些回馈。第三，我们有很多移民，我们既有共同点也有多样性，这就是我们的社会环境，所以，在小学和中学时候，我们会把文化沟通等纳入到我们的教育中来，尤其像公民意识等，我们领导力的培养要创造足够的环境能够培育文化，并且设置清晰的期待和目标。另外，还包含同伴支持以及导师制，学校环境必须确保这些体验有相关性也是真实的。另外，教育体验既要包含课上，也要包含课外，走出传统的课堂，既有国家背景，也有国际背景的经历。第四，志愿，鼓励学生自愿走入社区参加一些社会活动，毕竟他们是全球公民，在加拿大我们也强调要走向国际。

接下来看一下在课堂内我们要做的事情，首先教师要提供指导和监督。教师应该有非常专业化的技能，并且要能够理解和实施我们学习环境所要求的事项。另外，还有教学模型，基于技能培训，是非常积极的方法，支持全球化背景下所需要的技能，课堂上教师要有灵活性，要有自主性来执行这个模型。另外，还有合作方法，合作的方法给学生设立了非常好的学习环境，让他们脱离传统教学模式，要重新建立新的课堂，而相关的活动通常只是起到促进的作用，而不是直接由教师指导，评估也是需要的。最后要鼓励学生冒险，表达自我的观点，并且教师要有相应的回应，这就需要提供一个培育式的，而不是威胁式的环境。在学校里学校的管理人员需要有自己的领导文化，他必须要有学校相应的项目，这些项目中包含一些有益的机会，让学生扮演领导力的角色，另外，要清晰表述学校的校规，决策制定的过程也要清晰表达，要对学生友好，而整个学校都要提供一定的支持，你是提供支持的，而不是提供阻碍的。最后要提供指导，还有相应的技能培训机会，如时间管理、事务规划、团队建设等都要到位。

我给大家介绍一些例子，讲讲我们的校园项目是怎么去支持培养学生领导力的。既包含领导力培训，也包含全球能力培训。首先是和其他学区相同的一点，就是我们也有自己相关的选修课，尤其从小学阶段开始，接下来就是所谓的思考性课堂，我很激动地发现其他国家也有这样的模型，能够真正培育学生在行动中提高能力，我们还有国际认证的项目，主要是在高中阶段，让他们了解到全球性的教育。就像你们一样，我们会把所有这些高中的倡议进行整合，这是一个非常好的方法，我们会在中学阶段就开始进行这样的整合。我们还有专门的专家高技能项目，即集中几个课程，专注于某几个领域，建立一些学生未来的，职业发展的路径，等到学生申请大学的时候，就会发现他们自己处于优势了。然后是合作性教育，即和行业和企业建立联系，我们学校过去40年一直有这样与企业合作的计划，我们美国的同事非常认可这个项目。我们会专门进行积分，再就是学校之间的合作教育，我们和滑铁卢大学进行了合作。我们项目也会把积分攒到上大学的阶段，高中的时候如果展示出了这些成功的技能会发现在大学阶段依然是可以延续的。可能中国很多学校也有，我们也有学生委员会和子委员会，他们还会建立俱乐部和体育队，在其中可以培养领导力技能，我们还有各种各样的学校校团或者学生组织，能够在多文化的环境里培养学生之间的关系。

我们整个加拿大环境就是比较支持性的，我们会有专门的模拟联合国会议，会议主题都是多样化的，如全球治理等。我们还有全球青年领导力论坛，所有的学区学校都支持这样的倡议，还会有一些企业的项目，很多年以来安大略都会有这样的项目，我们还召开了第一届机器人比赛，可以说是非常有挑战性的比赛，能够真正夯实自己的技能。我之前也听到类似的项目，如和课程相关的比赛，我们非常有幸有机会专门举办了一些数学奥林匹克竞赛。我们还有一些国际性的倡议和活动，提高全球公民意识，如模拟联合国会议，人道主义任务，让他们与肯尼亚的学生之间跨国地交流，我们还会有些运动员的比赛。教育者是学校的主要学习者，他们应该是自己领域的专家，而现在让教师只关注传统的方法论教学是不行的，加拿大这个多元化的国家不允许这样的模式，我们环境的变化也会影响到我们的教育者，但有幸的是安大略的教师还是比较幸运的，我们整个校区都是非常具有支持性的。

关于专业化地发展全球能力非常关键，过去三年里我们派很多教育者出国交流，大概有170名，他们参加了很多会议，每到夏天的时候我们会把校长和教师派出来参加培训，我们还有教师参加孔子学院，所有的国家和国际协会我们的参与度都非常高，这是为了建立更多的网络关系。

今天给大家分享了我们，教育改革的概况，也介绍了我们的策略以及校园发展路径，如何培养21世纪和22世纪的公民，我们是为了学习而学习，我们要有内在的激励，我们有新的世界秩序，信息技术的发展以及环境问题都意味着我们的教育者要让学生为新的世界做好准备。

学生领导力的养成

露丝·艾伦*

大家好！我有40多年的教育经历，曾经在社区学校从事过教学工作，也教过五年级的双语课程；曾经培训过教师，也教过阅读课，基本上每一科都有涉猎，最近我负责青少年大使计划项目。今天，我想要和大家简要谈一谈，当我们谈到领导的时候，都会觉得优秀的领导者都不是天生养成的，但是随着时间的推移我们发现好像事实并非如此。

我最喜欢的一位作家马尔科姆，他在《局外人》写到有这么两个不同人生的人，探讨了为什么两个天才有不同的人生，最开始的部分介绍的是文化、家庭、时间、历史这些因素在一个人的成长过程中是如何影响他的人生成功的。

---

* 露丝·艾伦（Ruth Allen），美国亚利桑那州克莱顿学区青少年大使计划项目负责人。

其中一位主人公来自富有的家庭，也非常聪明，毕业之后去了一个私立学校叫李德学院，但他没有很好地融入进去，在这里经历了文化冲击，但他学术表现比较好，也很热爱探讨学术话题。在第一学期他得全A，但到了第四学期结束后，他就论文向他的母亲寻求帮助，但母亲没有帮他，他没有得到学校的申请。他只好辍学了，没有完成学业就离开了蒙塔纳。他再也没有回到学校，没有完成整个高等学业。作为一个成年人，他还在阅读，自学数学，甚至写了一些杰出的研究成果，被视为聪明的人，但是一无所成，他好像还参加一些电视节目，大家认为他是聪明的，但是他没有机会实现他的人生梦想，因为他缺乏应对教育系统问题的能力。

第二个主人公，名叫罗伯特，被称为"核武器之父"，家乡在蒙塔纳，他在剑桥大学上学，学的是物理，这个人面临着精神压抑。他的老师获过诺贝尔奖，这个老师要他做物理实验，罗伯特接受了，但他不能处理好自己的情绪，花了很多时间在实验室里，最后精神崩溃了，给他的导师下了毒。他的老师心里清楚，找到大学校长为其解释原因，罗伯特最后要为自己的行为负责，他不得不去见心理医生。

这两个人，其中一个失败仅是因为自己的母亲没有签字，而另一个人失败了甚至想害自己的老师，最终需要精神病专家治疗，两种人生，两种结果。这两位年轻学生都是绝顶聪明的，可是最后的结果不一样。20年后，第二位主人公离开学校，他牵头负责核武器项目、曼哈顿项目，然而他不是工程师，也没有工程学相关的理论，另外，他过去的经历又不太好，又犯过罪，最终他还是拿到这个工作，为什么？

这个故事中两人结果不同，是因为现实中智力不是遗传的而是培养的，很多家长和成年人都鼓励孩子体验全新的事物，并且对其所视所听保持疑问，让孩子保持怀疑精神，有自己的兴趣爱好。家庭、社会、学校共同培养，通过讲理而不是强制性服从。家长作为楷模，学校提供很好的环境，使他们能够学习并得到能力发展。

第一位主人公很不幸，没有得到这些帮助。他很聪明，但没有寻找社会沟通和帮助的意识。一些家庭尝试在家里为孩子提供这样的策略，他们关心孩子，能够做到放手，让孩子自我发展。我们发现，这些孩子独立性更强，会对权威提出质疑，但他们寻求帮助的概率更低，因为有时候他们对环境不熟悉，也没有主动解决。这形成了独立能力方面的障碍。

我们学校在凤凰城附近，是城乡接合的地方。有数据显示，60%的富裕的学生可以非常顺利地完成学业，16%的低收入家庭的学生能够顺利地完成学业。这是否是财富背后的原因，还是别的理由呢？和经济压力、家庭环境、父母能力多种因素可能都有关系。

学生参与很多项目，可以让他们得到学生间的支持和稳定长期的互助。我们还有一个"大使项目"。这个项目从1999年开始，目标是让当地的学生拥有接触不同文化的机会，了解美国文化和其他文化之间如何相处。我们和友好学校一起，在墨西哥、德国一些学校开展项目。

经过几年的发展，项目有一些调整，"大使项目"参加的学生涵盖六年级到八年级，今年有45个学生。学生了解国家的历史，他们也有一些契机见到政府官员，探讨一些跟自己相关的内容，包括像州联邦政府调整中他们关注的问题，他们还会问官员怎么操作能够更好地造福于社区。

同时，学生关注到美国政府现在关注的课后课程安排问题，他们会主动和官员讲，更好地让自己的声音被倾听，让他们更好地了解。最重要的一课，是通过和社区城市委员会国际团队合作，为社会带来一些变化。所有的学生都有大使的身份，不仅对学生而言，对教师而言也如此。这些学生会到华盛顿特区体验政府项目，在当地和环境中感受差别，同时也加入了更多的团队。

这些项目在中国也有，学生来到中国，在中国古城做相关的项目，还和高年级的学生进行互动，有人教他们上课。去年我们去了南京，也到了北京，我们也接受了来自亚利桑那的一些交换生。

我们曾经有一名学生来自寄养家庭，由于他的父母有一个去世了，另一个在监狱，他一直在寄养家庭生活。他也从来没有想到自己有多么特殊，也没有认为自己值得获得这么多的优待，他从来没有想到过自己有能力。这次，他看到石家庄的山区学校、现在的学生，他还去过76个国家，通过这个项目，他认为世界不再充满阻隔，不管人们有什么背景，都能够成为朋友，他还学了两种语言，获得了硕士学位，充满了自信和对世界的谦虚之情。

这一切都是从我们的"大使项目"开始的，我们看到更多孩子在项目中发挥出自己的魅力，他们能够做得更多。这也更好地诠释了学生如何真正能够实现领导力的发展这一命题。

培养领导力：一种认知工具

艾伦·列侬*

我想和大家说一下如何提高学生的认知能力。

我自己花了 25 年在英国接受专业培训，同时也是终身学习者。大家或多或少了解过英国教育体系，我一直在不断学习，也希望我的学生能够受到影响。我也希望通过这些工具和技术让大家都能够受益。

我作为教师，希望所有的人都成功，我们希望大家都有成功的职业发展，希望大家都有自信，希望大家都能够繁荣发展，希望大家都有责任心和领导力；有些孩子认为这是一个非常具有挑战的过程，但对于有些孩子而言却做起来容易一些，我和我的同事们希望在所有的学生里培养领导力，而不是少数人。

---

* 艾伦·列侬（Aaron Lennon），英国比奇伍德学校校长。

包括中国在内，所有国家都致力于这个过程，现在很多企业领导都有创造性的思维，他们给我们提供新一代的技术，服务于我们每一天的生活，我们也希望孩子独立灵活创新，而且是有思维能力的，问题就是怎么做呢？

给大家举我们学校做法的例子，那就是人格、耐力、团队合作，我们给他们提供一些工具，他们可以利用这些工具，这样在他们遇到问题的时候就能够迎刃而解了，既有认知方面的，也有非认知方面的工具。我们希望我们的孩子在团队中发挥领导力，把自己的每一天经历融入到领导力上来，我们相信认知和非认知的技能，不仅仅会造福于他们的领导力，同时也会给他们的学习成绩带来正向的影响。有许多学校都意识到了培养人格会帮助孩子在今后的人生中取得成功，甚至在学习上、在考试上也有更好的表现。

我们对于领导力的定义也非常简单，领导力不是关于个人的，或者个人发展成什么样的人，也不是关于他的现状，而是学生做的是什么？领导者会从自己的错误中学习，他们会不断尝试新的想法，愿意去冒险，伟大的领导者是通过合作取得成功的，他们实现目标的时候也会认可别人的成功，我们有五大重要的领导力发展模型支柱，我会给大家介绍我们的这些步骤。

要想成为杰出的领导就要拥有杰出的人格，我们的挑战就是通过一些活动和课程来传递这些理念，我们希望整个校园的学生都能够充分沉浸在这样的氛围中，学生要识别他们心中领导力的理论。我们认为这些人是能够清晰表述个人价值观的，有一些信仰可能在不同的个人和不同的组织身上都是与众不同的，他们愿意开诚布公，愿意建立架构，把自己的价值观通过自身的行为展示出来。另外，他们还有远大的愿景，总是着眼于全局，专注于自己的远景，愿意分享，愿意帮助别人。领导者们喜欢创新，寻求的是成长，他们不断尝试新的方法，承担风险，同时从错误中获得经验，建立信任。领导力是分布式的，它会涉及他人来共同承担责任，因此，他们才能够建立信任，能够迎接困难。领导者认可他人的成就和贡献，会为他人的成功而感到高兴，通过和他人分享价值观来共同建立社会、建立校园文化。

领导力发展和学习这些词是息息相关的，一个受过高等教育的孩子在社会和情感上智力都是非常高的，他们知道自己的需求，知道在不同背景下需要什么。英国教育部认为一个好的学习者是具有共同的特征的，其中涉及很多学习者的要素，这些要素都和一个优秀领导的特质是重叠的，我认为各个机构像学校都能够给学生提供很多机会，而不只是评估他们的智商如何。

思维式的教学方法，还有举办一些会议等都能够作为重要的工具，来培养学生的领导力人格，数以千计的学校都在实践，我们也有一些项目专注于不同的学习领域。探讨这些所谓工具的使用情况，能够让我们的孩子在思维习惯、行为习惯上都有自主性和选择性。

我们要有领导力的挖掘过程，我们专门设计了思维技能的培训，让他们的学习和领导力项目之间建立关系。这个思维地图有自己的架构，强调这些信息被储存的时候彼此之间也是有关联的，通过项目他们更意识到自己是主动的学习者，开始自己独立思维，回顾自己所学，理解团队，而且更有创造性，更能解决问题，所有这些能力都是学习的重要技能，也是领导的重要技能。

培养领导能力是学习和教学过程中的重要一环，我们认为在解决校园问题的时候，包括学习能力、个人发展和领导力都是其中的一环。我们看到了很多例子，学校给学生提供了太多培养领导力的机会，不管是在课内还是课外。

我们有专门的学者计划，会挑选一些人才或者几个人才，帮助其他的学生来宣传我们的课程，我们还有专门的培训，这些优秀的小学者会给其他的普通学生提供一些指导。我们所有的学生毕业的时候都会上大学，可以去美国、英国、澳大利亚、加拿大、新西兰、中国等国家或地区的一些大学读书，我们会帮助学生渡过难关，尤其是在筹备申请大学的过程。

我们会把孩子带到一群听众面前，让他们用30分钟的时间来表达自己的热情，回答一些问题，可能是之前从来没有面临过的问题，未来应试大学的时候，这些都是在心理上能够给孩子提供切实指导的，而听众也是由年轻学生组成。这样的方法能够帮助我们形成一个非常正向的反馈闭环。在英国，这些高年级的学生会承担更多的责任，在学校里扮演一定的角色，而我的学校也有类似的体系，我们并不是说直接把某一个领导角色分配给某一个学生，而是让这些学生成为一定程度上的导师，从小学到中学，他们也经历了过渡阶段，他们会帮助这些在心理上或者学习上有困难问题的学生。

我们也有专门的学生发生计划，就是给学生一定的自由，让他们去探索新的概念、新的想法，自己去开发一些项目，组织一些活动。我们还有专门的"学生发生"委员会，这个委员会是由不同年龄段的孩子组成的，有小学的，也有中学的。他们坐在一起探讨自己的一些想法，自己创造的一些项目，包括一些在本地开展的项目，甚至去别的国家，或者到中国开展项目的想法，他们会自己组织发表自己的成果。所有这些不仅仅是由一些最有能力的学生完成的，所有的学生都能够在其中展现杰出的领导力。

很多学生希望成为关键的引领者、关键的行动者，学校为学生提供了一些机会来培训他们的技能，我们提供的只是工具，当然就整个环境或者学校文化来讲，我们能够为更多的学生创造更多的机会来开发他们的领导力。

赋予学生领导制度改革的力量

道格·斯蒂尔韦尔*

我在大学里工作五年，深觉校长、学监首先要做的就是提高个人的自我表现，以及所在州的表现。我之前的工作是十二年级学生的班主任，所以，工作经验也为我成为学校领导做了准备。研究人员曾指出专家做的工作是什么，我们也知道这是一个很难的工作，但同时也值得。作为学校领导，我是有收获的。

我有一个问题想提出来：究竟学生能不能在现实世界中去引领一个组织机构？作为学生，他们能否成为一个真正的组织机构领导者？我想给大家举个例子，看看学生是怎样在现实的大机构中担任领导的，同时看看这个具体机构的效率。我也会通过一个系统性的方法和大家解释他们是怎么做的，包括一些

---

* 道格·斯蒂尔韦尔（Doug Stilwell），美国德雷克大学副教授。

具体工作。

其实，高中学生是能够在一个现实的公共机构或私有机构中作为一个领导的，詹姆斯·格雷格曾经这么说：领导力就是最不被理解的一种能力。所以，很多文章关于领导力的理解和实践并不是非常严谨。领导力究竟是什么，我知道大家有不同的观点。我想和大家简单解释一下领导力，它可能就是帮助他人，帮助组织中的他人发展得更好。所以就我个人而言，我之前也是一个学区的领导，我关注的就是帮助我的学校、帮助我的学区，使它能够不断提高它的表现和能力。这也是我一直的信念，如果我所有的努力和工作没有产生实际的变化，那我就不是一个有效的领导。这就是今天我为所有人提出的问题和挑战：作为领导，你的努力和工作是不是能够带来结果的提升。这也是值得每个人思考的，大家也可以跟我沟通。

为了赋权学生，让他们成为组织机构的领导，我们设置了相关的项目。这个项目有自己的管理团队，专门做评估、培训、分析和测试系统工程的提升。当时我作为学监，就把这个项目带到了学校。这个项目是由戴维设计的，他是高中学生。

我们设置了五天的项目，其中包括两天的培训，接下来就是关于规划执行研究和行动 PDSA 这个闭环。这个闭环是我们实现持续改进的一个方法。在五天培训中，有一些商务和投资人以及主办方就帮助我们去监察三天后续的实践，在五天中学生可以完整地介入这个机构，跟员工去对话，了解这个机构的具体工作流程。

在接下来的三天培训和组织沟通的过程里,学生团队需要提出一套改进的理论以及针对组织改进他们商业流程的方法,因为那个真实的组织肯定会有很多问题,他可以直接跟董事报告。在一次培训中,学生团队和爱荷华州一家当地最大的轮胎公司合作。根据他们的沟通,这个公司实施了学生的解决方案,结果该企业解决了数万美元的投资,因为学生帮助他们降低了轮胎生产中产生的一些废材料。

校企合作造就了我们所称的"双赢"局面,企业可以提高生产效率,学生可以获得更多可持续的培训计划,以及解决现实问题的能力。我们的学区在城乡接合部,现在有越来越多的学生团队在加入,总共做了六年。我最高兴的一点,就是哪怕我四年前退休了,这些学生团队还在继续他们的务实工作。每年学生都会参与到不同的项目中,学到系统性的思维方式,不仅有解决问题的办法,还有存档数据、数据分析的技能,以及多样化的可能性。

最后就是怎样加强社区的人际关系网络。学生作为领导,他们的经验来自现实生活,自己也会变得更自信一些,因为他们真正做过一些务实的事情,也让现实中的企业家组织变得更高效了。我相信这样的办法比传统的课程教育更有效率,它能够激活学生的内在动力,让他们有更明显的使命感。它跟现实生活有更强的连接,学生和成人都会针对这个项目有积极的反馈。

我一开始的时候问了一个问题,这个问题是我们所有人都可以回答的,学生能够成为领导者吗?我想答案当然是肯定的,他们只是需要培训、需要支持、需要机遇,他们需要成年人给他们足够的训练、鼓励,以及现实世界的机会。学生确实可以成为变革的促成者,只要你让他们成为领导,就绝对要有理由相信他们会成为未来的领导者。

培养学生领导力,应对危机与挑战

辛西娅·伊达尔戈*

我们现在面临很多危机,从人类诞生以来就是如此。这些危机是因为人类在各种背景之下所采取的行为,玻利维亚森林大火就是其中之一,还有巴哈马被摧毁了,很多人没有能力去对抗不可控的大自然。另外,污染也是全球问题,如海洋问题,给地球带来了严重的破坏。考拉、猴子、豹子、北极熊等许多动物的命运都面临转折,我们的地球将会消失,这个速度将会比大家预想的更快。

这些事情给我们提供了一些警示,比如,世界各地自杀率在增加,2016年自杀总人数达到了80万,平均来看达到了每40分钟一例,这是世界卫生组织给出的数据。有很多非洲人移民到了

---

* 辛西娅·伊达尔戈(Cynthia Delgado Hildalgo),哥斯达黎加西部学校校长。

欧洲，这些就是所谓的难民寻求帮助。墨西哥也面临严重的问题，数据显示，2014年到2018年非法移民总人数达31510人，另外，有19000名消失案例，原因可能是溺水。现在我们越来越关注教育，哥斯达黎加也非常重视自然保护的计划，从20世纪就开始了。我们也鼓励电动汽车以及可更新能源的发展，近几十年来我们发现，有很多人在环境保护方面成为引领者。

联合国选择哥斯达黎加作为第29届地球保护领导国，这是9月份公布的结果。联合国表示，中美洲很多国家到2025年将成为世界典范，哥斯达黎加尤其如此，满足了联合国保护地球的决议，气候变化是非常迫切的事情，也需要我们所有人采取行动。现在我们是一个碳化的社会，所以面临很多挑战，全球碳排放量已经破纪录了，我们现在必须要着眼于走上更清洁的经济道路，联合国非常赞赏哥斯达黎加二氧化碳减排以及能源改革的成就。

我们在保护自然上做了很多事情，即便如此，一开始所谈到的这些人类危机哥斯达黎加也无法幸免，我们现在也面临绝大多数国家面临的全球问题。我们的西部学校成立于1918年，校长曾获得了很多奖项，尤其是因为他在争取全球社会人权上所做出的贡献，他的愿景和他的理想让他在保护大自然以及环境方面的责任上发挥了极大的作用。考虑到这样的社会背景，我们学校也自然而然有一个关于这方面的系统教育。在我们的学区，学生是有选择的，他们有非常和平的学习环境，他们尊重自然、尊重多样性。另外，我们尊重学生的价值观，满足他们多样化的教育需求，符合他们的秉性，符合他们的个人特征。

有趣的是，西部学校并没有孤立看待领导力培训，相反，我们强调领导力教育是通过社会环境和社会良知的培养融合在一起，以此来培养学生的责任心。我希望学生充分理解他们属于地球，而不是地球属于人类。我希望学生能够找到办法改良我们的生活条件，能够相互尊重，理解彼此，尽管彼此有诸多不同。

所有这些都要求我们让孩子记住他们的幸福，尤其是未来的幸福。所以，西部学校通过环境教育和社会活动来培养学生的领导力，具体的方法可以通过学科研究，探讨在这两大领域的重要问题；就可持续性进行一系列人际交往技能的培训，如同理心、聆听能力以及共赢的沟通解决能力等；充分参与到良好的生态和交流项目中；最后就是行为学实验，以各种问题导向为基础，鼓励学生进行批判性思维。这些技能如果学生培养起来，他们将有极大的分享能力。

另外一个项目，关注的是落实不同的策略，应用和环境相关的最佳实践，鼓励志愿精神，尤其是在社区内已经证明有效的实践，如水、电。我们在过去一年里都有相关的项目，如学校决定不使用塑料瓶，拿塑料瓶来换成这些可用的材料。

另外，在学前阶段，孩子可以接触到不同种类的蔬菜，我们把他们带到生态农场，让他们接触大自然。为了让孩子充分意识到我们面临的污染问题，我们把他们带到山区，让他们看一下现实世界所发生的情况，以及人类不负责任的行为造成了什么样的影响。还有，西部学校在学前一直到十一年级，甚至最后一个学年，都有一些专门的教育研究项目，它专注于国家的具体问题或者领域，或者是他们的兴趣点，如政治问题、社会问题等。

他们首先会自我介绍，然后会获得相关机构的支持，提供他们所需要的信息，然后写一篇论文，最后在学年结束的时候把研究成果展示给大家。如移民所带来的影响，还有甘蔗的生产在过去10年里有什么样的变化等，都是他们的研究话题。我们建立了这样一种意识，让学生能够认识到我们和大自然关系的重要性，这是学校大力倡导的。孩子能够实现自我发展，接触到我们所使用的所有材料，能够理解回收的意义。

我们也会回收一些塑料瓶，进行循环利用。在节假日期间，我们会让学生重复利用很多材料，如回收的小盒子，把它们做成耳环或者其他有趣的东西。一群十年级的学生甚至建立了自己的加热系统，我们帮很多孩子做这样的实验，让他们参与到体育竞赛中来，比如武术。我们希望所有的孩子和家庭都能够从这些活动中获益。

还有一个就是跨学科交流，所有的学生共同参与到交流中来。我们学校还有一个让学生进行全面性思维的机会，今年我校作为本区唯一的一所学校，选拔学生去参加全省的科学大会。科学大会是我省的重要事件，我们在这一活动中可以贡献很多资源，我们有一个孩子被选中了，成了国家的学生小领导。这是一个全国性的盛会，我们认为这些最佳的实践是能够造福于大自然的。我们也和国会进行沟通，希望能够通过新的立法来推广这些实践，共同保护环境。

现在我们也使用很多可循环的材料。总而言之，我们希望帮助学生使用更多可再生材料，教导学生更好地保护环境，也帮助学生开发很多其他方面的能力。事实上要反思一下，我们并不是要一直强调在经济发展中如何帮助学生提高创造力或领导力，而是以社区为基础，考虑一下应该怎样帮助学生提高领导能力，这对他们可以造福终身，对于社区的发展也是非常有益的。

领导力培养是价值观教育

马克·卡尔[*]

今天的主题是关于领导力。领导力无论是在社会组织还是在学校里面，都是有所应用的，其实它是为整个社区或者组织提供一种服务。可以看到，图片中有两个意象：一个是狮子，一个是山羊。狮子代表传统意义上的领导者，非常强有力，然而通常会设立一些不切实际的规则或权威，但现在我们有所改变。大家可以看到，右边是山羊的形象，这是我们现在的一种领导力精神，意味着合作以及分享。其实，无论是学校还是对于学生的培养，我们现在都更多使用山羊精神的领导力。

学习这种领导力，可以帮助教师或学生培养更全面的人格。我们现在也建立了以社区为基础的价值体系，我们这所高中是以

---

[*] 马克·卡尔（Mark Carr），美国俄亥俄州沃什高中校长。

信仰为基础的领导力培养系统，更关注学生可培养的潜在价值，同时也希望以此帮助整个社会实现更加公平的环境。我们的目标其实跟其他学校是一样的，我想让每一个学生都能够全面发展，这也是我校的核心价值观，对于每一个毕业生，我们都希望达到这样的目的。

我们看到，我校开发了各种各样的项目，来培养学生不同方面的性格。比如，培养学生互帮互助，并且友好善意地对待他人，同时也可以形成开朗的性格。我们认为一个合格的学生，应该具有领导力，所有这些价值观和品质，其实是一个人全面发展必须具备的方面。这样一种价值体系，必须教授学生不应该自私，应该以一种合作的精神和其他伙伴一起来进行项目，这样可以帮助年轻学生敞开心扉，与其他朋友和教师自由畅谈，同时也锻炼他们的领导力。

另外，要帮助他们培养更加富有同情心的品质，我们叫作服务项目。在这一项目中，学生可以不同程度地成长，还会帮助更多朋友、同学甚至是教师。在这个项目中，尤其是在四年的学习生涯中，我们会要求学生完成一定量的服务时间，比如，大家必须完成10个或20个小时的服务，这样才可以更多地加入到一些合作项目中。同时，我们也给学生提供一些服务机会，让他们给低年级的学生提供帮助，给无家可归的流浪汉提供帮助，通过这种方式鼓励学生，更多地去关爱其他一些弱势群体。

我们再看一下另外一个项目，叫作陪伴项目，是帮助学生培养他们的领导力，也帮助学生积攒更多经验，同时，在整个过程中培养学生各个方面的性格。我们会将学生分成不同的组，每组有20个学生，同时也会有领导者或教师指导他们进行相关培训。基本上每年会有六次时间来帮助学生组织相应的活动，每年都会有特定的关注领域，如帮助学生突出发展某一方面的性格。我们的项目并不是以课堂形式为主，而是激励学生进行讨论，这样在整个讨论中，大家都有陪伴的伙伴，也可以相互帮助、相互学习。

其实，在孩子整个生涯中花这样一部分时间，就可以帮助他们看到外部的世界，因此，我们会组织学生到外面进行相应的探索。我们每一个学校还有这样一个活动，就是"反思时间"。我们每天都要花几分钟让学生进行冥想，这也是现在非常流行的实践。不仅仅在我们学校，在其他学校也有同样的实践。我们会有一个体育课，每天都会选择一名学生领导大家进行两三分钟的冥想。

我们看到，帮助学生认识周围世界，未来也能有利于他们更多地与其他人合作。同时，我们还在学生实践活动中让学生参与一些课程的制订，如他们的兴趣所在，他们喜欢学习哪方面的内容，这样在整个课程设计中，都是以学生兴趣为基础，而不是之前很枯燥的传授。同时，我们还会组织一系列研讨会，让学生充分参与到讨论中，并帮助其他一些从亚洲、非洲、拉丁美洲或者其他国家过来的移民学生。学校同时还有交换项目，以此与世界各国的孩子一起学习分享知识。有些学生可能会选择夏季的合作交换项目，这样他们可以到全世界看一看，到不同国家体验当地的地理情况、气候情况，同时也可以学习当地的历史甚至文学。

我们有一个网络体系，不仅是我们国家，还有其他国家和学校，共同分享对于整个项目的反思以及所积累的经验，去年我们大概有64名学生参与到国际项目。我们有时也会组织4小时的路程到达市中心，让学生参与里面的一些项目。有时可能距离相对较远一些，学生也可以自由选择有的项目，如帮助不同地区的移民。所有项目都可以帮助学生积累相关经验，了解种族问题，提高社会公平性。所有这些有当地项目，也有全球性项目，通过不同的模式，他们可以了解当地以及国际的情况，意识到世界上到底在发生着什么，他们与其他国家的学生有哪些相同以及不同的地方。这样可以帮助他们更好地理解其他国家和地区的文化。

这和由上至下的简单下命令不一样，可以帮助他们开阔视野，更多地倾听他人的声音，包括给予他人服务，以及打破种族之间的鸿沟，同时能够改进学生的在校表现。我们知道在学校里面，文化背景、宗教和国别之间的鸿沟必须打破，唯有协作可以实现这个目标，可以让对方而不只是领导发出声音，这就是合作形成的基石，让整个社会形成更大的福利。

传统上而言，学生自治是最好的一种合作模式，让他们听到更多声音，组织更多人才和力量而不是只倾听管理层的声音，这是最好的方法。我们还有运动委员会的相关项目，一些团队现在有合作队长制，让团队在比赛协作和友谊赛中去提高能力。同时，在这样的比赛中，可以更多为他们颁奖，而不是光选明星队员；在团队中我们还设置教练，根据他们的品格遴选学生。我们的运动领导项目，包括委员会，都有自己的粉丝团队，特别是在运动员精神彰显方面，会去培训学生领导。他们也是决策者，而这种品格更多是自我反思和考虑他人的成果，这也是最难的一种技能。因为决策很多时候会受到压力，包括来自父母的压力，很难真正尊重自己的内心。此外，本质上决策就是学习的过程，对年轻人而言很容易害怕失败，或者说担心失败，不敢作正确的决定，而决策的机会总是有的，每一次都会让我们比前一次更智慧。当我们要培养学生领导力的时候，为了实现成功，我们肯定会遇到一些困难和挫折。

我简单总结三大最常见的困难和挫折。第一，传统的由上至下的权威命令方式。这种方式在学生团队中也有。很容易看到这种狮子型人格，我看到很多领导容易选择高大上的 title，如主持人、教练，也很容易选择同样类型的学生成为学生领导。但我们选择的不是这些定型的领导者，因为这样会忽视大部分的天才人群，也会忽视大部分学校的学生，因为真正需要我们花时间、花精力去培养的是广大的普通学生。

第二，在培养学生领导力方面过于关注目标本身而忽视了过程。因为成年人可能更关注结果，关注最简洁的方法，他们会选择熟悉的路径。然而有时学生的方法可能比成年人更好，过程中的错误和低效会带来更多机会。

第三，培养领导力，年轻人不敢发声。他们习惯不说话，这种沉默会促使他们更好地反思，让他们更好地表达内心需求。我想用一个故事或几张照片来总结我们如何成功培养学生领导力。

克洛伊不是学生会的领导，也不是运动委员会的成员，她在学校没有什么头衔，腿脚还有些不方便，但她在学术方面非常成功，每年都担任学术委员会的学生会代表。她一般会获得第二或第三等奖学金，同时，另选了很多奖学金。克洛伊最优秀的一点就是她参加了学校管理委员会。她认为管理会的工作需要重新设计，她通过头脑风暴的方式让同学们参与进来，也成立了很多项目。她在大一的时候就是参与者了，当时参与的是援助无家可归的流浪汉的项目，她自己还参加华盛顿每年的家庭援助活动，并针对更多移民开展相关的辅助工作，还动员包括培训低年级的学生，开展更多跨校区的援助工作。

可以说她影响了很多其他潜在的学生领导，并受邀到之前的流浪汉家庭进行发言，所以，她始终和这些项目息息相关。这就是一个很好的关于合作的项目，以此来培养学生领导。在这个项目中，克洛伊也会指导很多学生完成细节工作，她非常谦虚，并始终是一个冠军。学校的价值其实就是她自身价值的彰显，她的个性和她的努力吸引到更多和她类似的人。她去年获得我校的最高奖章，很多人认为她是特别的领导者。她现在在西雅图大学上学，也成了西雅图大学九名获得学生领导力奖项的其中一名，还获得了奖学金和相关学分的减免。她说："我努力尝试和奋斗，为更多的学生培养领导力贡献力量。"

合作与参与：面向全体学生的领导力培养

乔纳森·劳斯*

如何培养学生领导力，我首先想到的是学生领导力形成的严格过程，美国的教育系统和教育史始终是将少数人作为领导的潜在种子培养，在广大劳动者中领导是少数，大部分人都是从业人员。学校在教育学生的时候也是传统理念教书育人，因为这是最有效、最精简的方式，学生排排坐，有问题可以举手，从一个教室到另一个教室，遵守课堂铃声，他们是在这样的环境中受教师引导的。但要培养学生的领导力，我们需要重新界定领导力的内涵和外延，如何在现代社会中应用。我一直相信未来的成功不光是基于一种能力，绝对不是谁当领导就遵从谁，而更多是自己领导自己。现在信息和知识的汲取不单纯是学校的功能了，学校更

---

* 乔纳森·劳斯（Jonathan Rouse），美国威斯康辛州莫诺纳格罗夫学区课程协调员。

多是应用以及技术的迁移，这不光是效率本身，更多是学习机遇的获得。

学校本身就是一个良好平台，让所有的学生能够获得机会，成为自己的领导。其实，我相信在全球化背景下，学生不光要为自己的基础教育负责。因此今天我想和大家分享三点，也是我校产生的一些趋势：首先是合作，通过系统性的教学法来提供；其次是对学科的设计，这需要学生的参与；最后就是具体展现我们的项目。

其实，合作伙伴关系在教育中的作用非常清楚，我们不断强调合作的意义。师生之间的合作就是我特别关注的话题，今天可能场景不一样，结构不一样，但是本质不变。今天教学成了一个流程，师生之间更多的是一种同时的发声，教师不再是内容供给方，也不完全是传道授业者，更多的是设计者，他要首先成为愿意在动态环境中学习的人。为什么会这样呢？

因为学生现在更加主动了，他们在学习中更加有主动性，成为学习的动因，能够选取他们感兴趣的知识，而不是像原来被动的承受者。他们成了真正的领导，选择自己愿意接受的影响。还有几个特质，和学生的合作伙伴相关。

第一个特征，教师现在在某些场合愿意退出，哪怕很小的学生，也不再控制他们的知识接受能力。我看到过一些案例，至少在小学教师已经尝试放下控制权。当然，不是每种经验都有可重复性；而且不断重复的话，其实对领导力的培养只会有害无益，我们还要真正设立一些学生团队，我们绝对不要标准的学习环境，而是打造一种多样性、个人化的氛围，当学生成为某一个行业专家的时候尤其如此。学生可以成为小教师，也可以成为教师的教师。学生会非常有热情地去应对这些挑战，可能教师会认为这种情况很混乱，但现实地说，只有通过放弃自己的控制权，学生才能学得更多。

第二个特征就是，学生是主要的知识贡献者。作为教育者，我们相信学生有这样的内生能量，他们能够自己完成学业，因此学生的能量应当被良好地使用，尤其在课堂，学生的输入始终是我们要珍惜的。

第三个特征是，学生知道他们的观点被尊重，而这些观点将对自己的未来形成一定的意义，因此教师应该认识到这种需求，那就是这种学习体验要和学生在课堂之外的人生有相关性。另外，信息在过去十几年里发生着重大的变化，现在是信息爆炸的时代，不同学科之间也产生了联系，学生经常看不到彼此之间的关联，这就需要在学校里加强信息的沟通，进一步让他们理解外部世界，才能减少学生脱离现实的风险，也能够让学生走出围墙。我们的工作，就是培养学生能够实现跨界的能力。

第四个特征就是，关注过程而不是最终结果。学习往往不是线性的，它可以是非常混乱的、不断困惑的，最终的评估和成绩可能只是学生学习的指标，我们应该把它作为很多指标中的其中之一。学习概念能够让学生更快掌握新知识，让他们在面临困难的时候能够不断核查整个学习过程，而且有一定的灵活性，还要对这些核查点有一定的反馈。他们会了解到，有时需要反复尝试，毕竟最好的领导都会有失败，要把失败作为改善自我的机遇而不是前进路上的拦路虎。我们的学区一直在努力消除环境不公平，包括课程中的不公平，实现所有人的共同发展。我们相信在整个教育体系内，将会采用一种更全面的方法来进行教学和评估，如使用综合式、全面式的公平体系，叫作ICS，让每个教育者都参与到学习培训的过程中来，而他们每个人都能够在最终决策中发挥影响力，最终把这个决策落实到每一次课堂中来。

在这个过程中，我们的主要工作就是创造学区不容置疑的公平性。从七岁开始，我们就会把所有的任务缩减为四点最重要的目标，它也会影响整个学年的教学计划。我们会把它们陈述给每个家庭和学生，让他们知道最真实、最需要重视的点在哪里。

掌握真正的领导者技能是非常重要的，它让我们能够参与到更多的实践中来，其中有一个就涉及全方位学习。它是一个个人发展计划，给所有学生一个公平学习的机会，学习环境中所有方面都有灵活的方法支持，而且我们会鼓励他们找到方法，激励他们主动参与到学习中来。它也很有代表性，即信息公布是和所有的学习者相关的，提供的选择是有宗旨、有目的的。这个计划提供的是学生重要的学习平台，在整个学习过程中就开启这个旅程，保护自己的价值观。

培养学生领导力的过程从一开始就要让他们真实参与到这个进程中来，迈出第一步。我们知道，真正的参与和合规性参与是不一样的，后者只是被动地服务，学生被要求做这做那，不管是行为上还是学习上，而控制人是教师。但真正的参与涉及更深层的主动权，学生会面临很多挑战，也会认真跨出表象、深入本质，找到其中的舒适点和不适点；同时，他们的智力也会受到挑战，因为核心就是学生领导力的基础要素。为了实现真正参与，我们通过这个路径让很多素质得到培养，其中一点就是学习者可以在各个文本学习过程中参与进来，让每堂课都有自己的活力，有自己的气氛。我们也会让学生举行圆桌会议，教师可以模拟会议过程，让他们进行分享，随着时间的推移就形成了课堂文化，以此鼓励学生主动思考。学生提出的建议自然而然也成为个人体验的一部分，同时为他们面临选择时的反应奠定基础。所有课堂成员都参与到课程中来，年长和年龄小的孩子都可以提建议，这就是一种保护性文化，而对于年纪较大的孩子，他们在这个过程中有了更强的身份认同，尤其表现在提出个人见解的时候。一旦学生适应了过程，就会变成驱动变革的人。有时会要求学生有足够的灵活性，自然而然地融入到学习过程中，所以，教师会制订学习目标框架，并让学生管理整个过程。学生有了灵活性就能更好地理解自己作为学习者的身份是什么，也能够更好地去维护自己的需求，这才是真正的领导力。

有了好的计划，也有可能面临不确定性，所以最终落脚点还是学生。有一些学生可能接受概念较快，有些可能较慢。在过去的经验中，我感觉这是整个过程中最困难的部分，不是教师不想让过程顺利，而是变化永远比计划更容易。

但是，随着学生参与度的提高，承担风险的舒适度也就更高。从教育的角度说，承担风险就是走出舒适区和已知范围，因此要不断驱动他们跨出界限，跨出别人设的限定。最低的期待点只是一个起点，而不是终点，承担风险需要很多领导技能，领导者不能满足于自己现有的位置，要渴望持续发展自我，教育者应当提供这些非常有价值的机会。如果能够让学生感觉到在学习过程中受到鼓励和赋权，就会从学生这边收到很多反思和反馈，最好的例子就是关注过程，共同实现教育目标。

通常当这种文化建立的时候，一个学生给另一个学生提供反馈，而不只是给教师，这样的话效果就更好了。学生清晰地知道接下来的学习是什么，能够更好地去完成教学目标（我们的体系能够让大家随时了解自己的进度），这就是所谓的自主权。谈到这一点，我和大家分享了很多理论性的东西，接下来我会给大家介绍应用层面的想法，怎么把这些概念应用下去。

我们会有一些资助计划，鼓励一些创新性想法的产生和提出，交流他们的良好学习经验。有一个一年级的教师，他把这个资助计划应用到自己的课堂上来，创造了一个非常好的课堂环境。这种项目型的学习方法能够让学生以个人的方式参与到问答环境中来，能够更愿意迎接挑战，而且这个学习法也有非常清晰的目标，包含教师和非常有参与度的学生。

首先你要有一个问题或者质疑提出来，接着就是分析问题，然后制订相关计划来解决问题。接下来学生就会做研究，尝试回答并解决问题，最后再分享他们的结果，这就是整个学习过程。学习了这个产品，不一定只是和教师、同伴分享，也可以和整个世界分享。这个过程有什么用呢？这些细节应该由学生自己决定怎么去做。

举例而言，在学年最开始的时候，学生会收到一些简单问题，如我们这个小镇怎样才能变得更宜居。学生会有一些有创造力的想法，如怎么改善人居环境和动物的生存环境。一年级的小孩儿也有自己的想法，他们会制订计划，然后花一些时间来研究动物吃什么，住在什么样的地方，另外，还会邀请其他两班的学生一起来探讨，这三个班级可以一起放飞思维，相互探讨。

他们会找到一些重要的点进行讨论，教师也能够随时了解他们所处的位置。我们会发现他们对于第一个项目成果非常享受和骄傲。这就是所谓的项目型的学习过程，这个过程能够让学生成为自己的指导者，他们也会学习到更多领导力的技能，在整个教育生涯中都会为他们指引方向。他们知道问问题很重要，也会知道什么是好的问题，以及怎样回答好的问题；他们学习到如何做研究，又有什么样的工具能帮助他们做研究；他们也学到如何跟他人合作，知道分享自己的研究成果；而且最重要的是，他们学习到自己有能力在社会上产生积极影响，能够为世界做出贡献，即便只是一年级的孩子。这个项目打开了未来很多项目的大门，这也为他们创造了一个学习者的社区，学生和大人一起共同推进。

作为教育者，我们的作用就是激励这些未来的领导做伟大的事情，而培养领导力的最好方法，就是让他们发声做出选择，在一个公平的环境里满足更好的学习期待，并且能够自由发掘自己的潜力。我们要把孩子看作伙伴，必须把每一个孩子都视为个体，而每一个个体的需求也必须在整体规划过程中发挥作用，我们要相信孩子能够创造自己的学习旅程。

有一句话叫：学习是创造，而不是消耗。如果学生真的相信他们今天做的事情有意义，他们就会欢迎责任，愿意成为领导者，也愿意改变这个世界。

赋能：学生领导力成长的有效机制

塔蒂阿娜·博奴马[*]

我们学区集中对学生的培养，学生领导力的培养一直是学校工作重点，主要有三个方面：第一是教育，其次是丰富，最后是赋能。我们希望能够让学生通过真实的经历去发展他们的自信心，让他们成为解决问题的人。

学生的领导力不仅涉及教学和学习，也包括社区生活中的方方面面。首先，领导力技能包括哪些呢？沟通能力、决策能力、采取行动和制定规划战略，以及能够承担一定的风险。这六个方面是我们说到的领导力技能的核心方面，也是现在的学生应当具备的技能。就像最近多次说到的，还有几个方面的品质值得特别关注。首先就是韧性，其次是文化管理，然后是多代管理合作，

---

[*] 塔蒂阿娜·博奴马（Tatiana Bonuma），美国伊利诺伊州西莱顿高中校长。

最后一个是情商。我们如何来实现这些目标,帮助学生达到各个方面的技能和能力呢?

我们会有一个学生领导力的路径图或路线图,包含三个方面,分别是教室学习锻炼、学校和区域锻炼以及全球方面的锻炼。教室的锻炼机会是什么呢?我们有很多相当于实验室或项目的内容,这个项目就相当于孵化器。我们通过这种孵化器项目让一些学生参与进来,分享他们在各个领域所选择的话题的经验,包括社会科学、语言等各个方面,一般是4小时左右。还有通过让学生选择一个好的话题做好研究之后,上台就其研究过程以及研究结果做展示,向大家介绍。我们希望学生在这个过程中,锻炼他们的表达能力、沟通能力和心理素质等。

最后在孵化器项目比赛结束的时候,学生会进行竞赛,最终的获胜者会获得一些相应的奖项。这种活动我们定期举行,而且也会为这些学生团队配备专门的导师,让导师一路陪同,给他们做各种指导,包括商业策略、规划等方方面面。除此之外,学生要做研究也需要一些资金,有些就来自捐赠。一些学生在参加多年创业比赛之后,能够非常好地把他们的商业想法付诸创业实践,而且运营得非常不错,涉及的领域也比较多,像心理学、商业等很多行业。这样的企业家精神和创业精神,我们会请一些专家给学生做分享和指导,接下来是我说到的AP系列课程。

第一个,我们叫作AP论坛。这个论坛就是将实际的学科以及社会上面临的问题集中起来,学生必须从多个角度对话题进行思考,有些话题他们在讨论过程中会有不同的观点,而每个组都要做研究，把这些话题都有哪些研究成果进行汇总。

所以，在AP研究中，学生就要通过每个人负责不同方面的合作，最终把整个课题呈现出来。在AP论坛以及AP研究中，学生也确实锻炼到很多方面的能力。我们也是让学生通过他们的研究，把相应成果和社会各界分享。另外一个我们比较骄傲的课程叫作名士模拟课。通过模拟论坛的方式，提高学生的沟通能力。学生要去考虑到底要模拟哪个社会机构，对其进行调研，才能办这样一个模拟论坛，我们希望学生做好充分的准备，包括知识方面以及机构的运作理念、组织架构和运作模式，这样才能在模拟论坛中发挥得更好。我们也有很多其他项目，让学生锻炼不同的领导技能。

学生感兴趣的另一个课程，是我们的美食课。让学生做美食，能够获得管理方面的知识和技巧。另外一个项目就是我们的教育领域，我们设计了不同的课程，学生可以去当地的一些学校为当地教师提供支持，也可以体验作为教师的感觉，这样可以让他们了解自己未来是不是适合做教师，同时帮助社区做出服务。我们还有一个学前课程，这个课程我们每一次都是将六位同学分到一组，让各组选择相应的课程，可以帮助他们提前了解职业规划，也可以与其他同学进行互动。

接下来是一个比较新兴的领域。我们现在有两个毕业班。其中一个做职业助理、护士，高中毕业之后他们可以直接做护士。还有一个技术支持的实习，对于学生而言，他们可以学习到相关的科技能力，比如，电脑方面，以此帮助他们在未来的职业生涯中获得更好的工作。在这一过程中，他们也可以有机会获得相应的经验，从而申请相关领域的大学。还有体育方面的课程，一些体育领导者也会帮助教师来带动同学进行热身活动，参与到体育课程中。

这些课程亮点由我们所在学校以及所在学区提供。这只是一个入门的活动，通过这些项目，学生可以实现从高中到大学的过渡。学生可以在小的社区中与其他同学一起合作，也可以结交更多朋友，彼此帮助，甚至获得学术成就。通过这个项目，学生可以学会如何发现自己所需要的资源，培养自己的能力。

事实上，我也认为，这些项目最大的受益者并不是低年级的学生，而是一些高年级的学生。他们可以积累到更多经验，并帮助我们鼓励更多低年级的学生参与。我校的会议领导机构会组织很多培训项目，学生可以广泛参与到培训中来。整个学年，我们会跟25名学生领导者一起工作，并主持相应的会议，确保学生在领导力方面可以有效提升。同时，我们也看到，学生相互分工，每个人都负责不同领域，充分进行合作。我们还设置了优秀奖，基本覆盖了学生参与的所有领域。我们相信每一个在西莱顿的学生都可以获得这样的奖项。优秀奖不仅包含学术方面，还有学生的其他方面，如果学生全部出勤，我们也有相应的出勤奖。

最后则是对全球影响力的贡献。我们有全球峰会，今年我校选拔了六名学生参加全球性的领导者峰会。被选中的学生在参加会议过程中，与全世界的青年领导者共同探索、共同讨论。我们还鼓励低年级的学生更好地参与这样的活动，帮助他们更加有利地实现未来潜力。我们还鼓励学生参与到当地的社区中，参加非政府组织的活动，更好地融入当地文化，也更好地理解当地文化，锻炼自己各方面的能力。我们每年都会组织类似的辐射活动，每年有15~20个学生，有时去墨西哥的一些地方，有时去孤儿院，有时去日托所。

　　还有一个是交换项目。去年夏天，我们第一次与南宁的一所中学进行交流。通过这一项目，我们交换学生到南宁当地，了解到南宁的环境、南宁的地理情况，同时也能了解当地的文化。这是非常好的开阔眼界的方式，也只是锻炼学生领导力的方法之一。为了帮助学生具备更加全面的领导力，我们做了很多工作。

学生的选择,学生的话语

约瑟夫·贝塔*

我是美国诺顿学区的一名学监,我们学校有 100 多名学生,整个学区不是特别大,但我们所在的社区现在发生了非常大的变化,无论是社会方面,还是民主方面。今天就跟大家分享我们学校的实践。

我校的模式是针对整个社区的学习,事实上,我们的社区中有大学,也有一些商业活动。我们想发展高水平的学术,因此就期望学生达到很好的学术水平,一方面是希望学生进一步发展整体能力,另一方面也希望学生毕业之后有整体的提高,而不仅仅是考试。之前我们比较关注考试,现在则关注整个水平。事实上,我们现在对学生有 21 项能力的考查,但我们希望教师教授学

---

* 约瑟夫·贝塔(Joseph Baeta),美国马萨诸塞州诺顿学区学监。

生的技能超过 21 项。在整个社区中，无论委员会还是教师，都有责任开发学生解决问题的能力、创新能力、阅读水平等。还有，我们一定要帮助学生基于文化去学习，理解社区文化，同时了解全球文化。

接下来我介绍一下我们社区都有哪些领导力的项目。第一个，学生希望跟成年人一起为学校带来改变。我们首先选择什么呢？选择给每个学生平等的机会，接受高质量的高等教育。说到基于项目的学习，这就需要一种思维方式的转换，让学生把一系列技能内化，这样什么项目、什么情况下都能应用。举例而言，我们的州有职业学校、技术学校，学区的学生可以去技术学校学习，他们在那做得非常好，因为每天都是边做边学，在实践中学习。80%的技校学生毕业后会去念大学，这些都是由学生自己选择的。学生做这些选择，是从一开始上学的时候就知道下一步去哪里，为此做好准备。如果学生去了职业技术学校，他们会学习九个不同领域，选其中三个项目三年学完。

第二个是教学方式。作为学校领导者，我让学生和教师一起成为建设者。一位巴西的教育家曾经说过，"被压迫是教育方法的泛滥"。他认为在 21 世纪，学生看到的更多是技术，这意味着教学的角度也要适应时代的变化。

最后一个就是学生的选择方面。学生有权利去决定他什么时候学习、学习什么、与谁一起学习、学习结果是什么以及未来想在什么地方工作，等等，这些都是我们比较关注的方面。说到课程和标准，学生的学习更多是为了高等教育，为了未来的生活和职业发展。因此如果学生把为什么而学习的问题搞清楚，他就会主动学习，而不是被迫学习。

在这个领域，教师应该放弃对学生的控制，我们把这个叫作明智或聪明的目标。它是具体的、可测量的、可达到的、相关的以及基于时间，从这五个角度确定聪明目标的意义。通过这些角度和维度，让教师来提升自己的教学水平。教师放弃控制，学生就有更多的空间想象和发挥，课堂氛围也会更加活跃。在我看来，学生能够做到自由想象，他们就会非常有创意，敢于创新。所以，这些目标，我们也让学生考虑从这五个维度如何实现。同时，我们州也在做研究，看有多少职业或者工作，可以让学生去选择。

此外，为了让学生发挥积极性和主动性，我们诺顿公学设立了专门的校监和学生顾问委员会。委员会一年开一次会，在会议中学生会向校监反馈他们不感兴趣的是什么，等等。通过这种反馈，学校会做出改进。而学生不管有什么样的反馈，最终都是希望学习成绩更好，发展更好，技能应用面更广，有更多实地锻炼和练习的机会。教师希望什么呢？希望学生通过批判性思维去讲述或辩论某一个话题。

我们知道，美国任何一个行业或领域有50万个工作岗位是招不到人的。高校每年都会有大批量的毕业生，如何让有足够技能的人去到这些岗位呢？劳动力不足的情况下还会发生什么呢？随着技术的发展，会有机器人，等等。未来几十年，劳动力和工作情况会发生巨大变化。

我们有两个项目，一个叫路径48，一个叫路径912。路径48是说，如何给四年级到八年级的学生提供更多机会，让他们能够接触现有的技术。美国佛罗里达和另外一个州，就推出了在线学习。912项目是提供教育的模式，包括科学、艺术等各个领域。我们在学区提供艺术课程，给当地学生提供更多接触文化和社区的机会，通过跟高等教育步调一致，我们希望能够让学生在高中阶段就做好准备，让学生达到他们想要的目标。

从这个角度而言，他们的职业方向更加明确，也为国家未来的经济发展提供了更加充足和高素质的劳动力。

领导力的特质及其培养

费德瑞卡·吉拉尔迪[*]

我们的学校很小,但历史很悠久。我的祖母从这个学校毕业,家族里面很多人也是从这个学校毕业。学校一直关注学生自由,关注如何让学生进行自由学习,这一方面我有很多想法跟大家分享。以此次会议为例,在我准备这次会议的时候,也会问学生一个问题,到底哪些人是领导者。他们能够想到的领导者,比如,拿破仑或其他国家的政治领导,还有人想到教皇。现在我给大家提一个问题,所有的这些领导者,有哪些共同的特质呢?

让我来帮助大家进行思考,给大家看看同样的领导者在不同生活阶段的发展。如拿破仑,这是非常伟大的领导者,领导战争或者是赢得人们的信任,通常也是严格意义上学生头脑中想到的

---

[*] 里维欧·马瑞安迪（Livio Marianti）,意大利金德学校对外关系主任。

领导者。我们把所有的领导者汇聚在一起，再讨论一下领导力这个概念。学生对这个概念并不是非常理解，但我们要做的就是定义什么才是领导者，为什么会称其为领导者。我在三年级到七年级都开展了这个项目的讨论。同时，在整个讨论中，我会对不同的班级进行不同的责任分配，目的就是帮助学生理解领导力这一概念。

我看了讨论结果。如当时的一个结论是，领导者给后代留下了非常伟大的遗产，如政治领导者以及其他很多领域。通过引导，学生的回答有了一些变化。我们提到马康尼，他是意大利的一个创新者。领导者的范围在慢慢扩大。还有达·芬奇，还有爱因斯坦，也是后期新加的，这些都是欧洲的领导者。他们为我们整个人类社会做出了伟大的贡献，比如，达·芬奇有很多伟大的艺术作品，都是非常天才型的绘画。这是他的终身成就。但还有很多他所创造的东西，可能对人类的发展有反面作用，比如，一些武器应用到战争中，大家就认为虽然他是一个天才，但创造这些武器对人类的发展不一定是好的，因为战争给人们带来很多伤害。我们也看到，还有科学家在部队中销售他的产品，最糟糕的是核能。再一次回到主题，我们已经慢慢拓宽了学生的思维，让他们意识到不仅仅有之前他们所想到的领导者，在扩展范围后还看到，每个人都不是完美的，人们无法面面俱到。有时我们可能是一个很好的发明家，但发明的东西有利有弊，就像武器一样，一方面可以保护自己，另一方面给敌方带来了伤害。

所以，这些都是我们讨论的领导者，希特勒、斯大林也在讨论范围之内。学校为学生提供介绍新的领导者角色，开始发现学生有了不同的想法。比如，乔丹，我们的城市就叫篮球城市，因此大家非常喜欢篮球，我们也可以看到篮球领域的领导者，还有足球领域的领导者。而我最敬仰的是我们意大利的运动员巴乔，他是非常早的足球运动员，30多年来一直在踢足球。

为什么会提到巴乔呢？因为巴乔是足球历史上最伟大的足球运动员，在足球领域获得了非常多的奖项，基本上所有奖项他都有涉猎。尽管他没有获得过世界杯，但仍然被看作是世界性的领导者，相当于他一个人撑起了国家队。可能有人想不起他了，但对于意大利的孩子而言，他是绝佳的领导者，因为他特别会组织队员，在队员中开展友好的关系。

为什么要提起运动呢？因为运动可以帮助孩子学习失败，只有经历失败后才能不断地学习、不断地提高。这可能是孩子在书本中学习不到的方面，失败的经验往往要在实践中积累，因此，我们要帮助孩子在实际生活中确定目标，以及让他们和其他人合作来达成目标。

所以，这次调研给了我一些经验，即需要做额外的一些工作，如运动或其他方面。在我们学校，也决定要开展这种动手的学习方法来帮助学生。例如，在我国，18个月的孩子就可以带他们滑雪了，所以，这也是我们在课程之外增加的一项运动。我们帮助大家积极参与到每一个互动中，尝试每一项活动。有时会担心是不是给孩子安排得太多，有30、40个活动，但这是没关系的，我们安排学习了3~4种语言，这对孩子而言是一个太大的压力，但如果孩子对此感兴趣，他是可以承受的。

其实，成年人的思维容易被限制，而学生的大脑特别灵活。除非你让他尝试做各种事，否则你不知道他能做什么事情，所以，尝试很重要。每个学生都是有天赋的，听上去有点儿老套，但学生找到他们的天赋到底是什么就可以。举个例子，在我大概12岁的时候，有一个教授我记得他说每个人都讲天赋，但什么是天赋呢？你真的不知道有可能有的人天生打枪比较好，你不试之前真的不知道。我们认为，在关于孩子的领导力方面，有两个主要活动是非常重要的，能够帮助发现学生的天赋。首先是武术，我们首先会教大家柔道，因为柔道要求有自律性、尊重对方，而且要求有韧性和集中精神，有可能在练习过程中就会数次被摔倒。其次是下棋，有一个教练是我们的教职员，他是意大利国家队的下棋教练。很难想象为什么下棋选手脑子里装那么多的步骤策略，你必须集中注意力去思考。因为很多学生更多的是做一些体育运动，而下棋刚好是平衡器，能够让学生更加平衡，而且让比较边缘的学生发现自己的长处。总体而言，不是每个孩子都会成为下棋的冠军，我们通过下棋项目，更多的是让孩子主动发现自己的天赋和才能。因为不仅仅体育有领导者，在安静中也有领导者，让比较安静的孩子有更多机会，这是我们下棋课程的目的。

最后我想说，我们真的非常幸运。很多家长告诉我们，说他们的工作是什么，他们日常做什么，这样就会吸引更多的学生参与我们的活动。我相信，新一代的孩子只要找到他们的角色，找到他们的方案，最终都会朝着这个方向去发展。

学生的自我效能

麦肯齐·斯特劳夫[*]

我是指导教师的,相当于教师的教练,我介绍过如何对教师进行培训。我想简单分享我的个人见解,即"内在领导者"。什么是内在领导者呢?是一个教学框架,美国很多学校都用这种模型。但我并不是来提倡或者宣传这种模型的,我只是说一下个人的想法和内在领导者给我们带来的益处。

什么是内在领导者模型?它是一种有章可循的模型。模型研发与教育研发相关,我们每天都会教授领导力技能。有些问题我们不见得有答案,但是我想给大家分享学校之间和学生之间一些关于领导力发展的案例和经验。

首先跟大家分享几个信念。每个人都可以成为合格的领导

---

[*] 麦肯齐·斯特劳夫(Mackenzie Strouf),美国艾奥瓦州马斯卡廷学区指导教练。

者，不管来自哪里，不管父母工作是什么。同时，每一个人都有自己的天赋，有时我们会说某一个学生是天才，这就意味着，你暗示其他学生他们没有自己的天赋。我们所要强调的是每个人都有自己的天赋，我们的工作就是发现每个学生的天赋所在并帮助他们开发出来，帮助孩子全面开发，这一点非常重要。同时，我们认为，为了帮助学生在未来获得一个好工作，我们可能会帮助学生获得工作上所需要的技能，帮助他们未来在事业上取得成功。我们首先会帮助学生建立自信，这个叫自我效能。这是我们自己研发的概念，即，我们相信一个人有能力取得或达到某一目标，通过这样一种信念，可以在某一领域获取相应的知识或有很好的表现。我们作为教师，帮助学生来设立相应的目标，比如，在幼儿园阶段建立两个目标：一是学术方面的目标，这是跟学术表现有关的。如阅读能力。二是个人目标，比如，如何骑自行车，如何系鞋带，这些都是个人目标的实现。

到了六年级的时候，会设立更多的目标。我们也帮助他们设立并监督他们实现，这可能会更重要一些。我们会让孩子意识到他们很重要，这样他们更加愿意相信自己，同时参与到课堂中。

美国有句很有名的话是，我们每一个人的发展都要通过自我效能来建立自信，从1分到10分，可以帮助学生进行全面发展。接下来我们看看怎样帮助学生提高自我效能。

我们现在做的一些事情确实是非常有效的。第一个，有关于学生领导力的笔记本；第二个，让学生扮演不同的角色。这里简单来介绍一下，领导力笔记本是个性化的工具，可以赋予学生学习反思甚至成长的能力，不仅仅对学生有用，对成年人也是有用的。笔记本中包括什么东西呢？是学生自豪的一些事情，比如，他庆祝的东西，还有他的一些实践工作。同时，他还可以对自己的目标进行反思，记录下所做的或达成的目标，无论是学术目标还是个性化目标，在上面都有记录。非常重要的是，他们一定要自己设立相应的目标；而且更重要的是，他们可以看到自己所做的事情取得成功是非常值得鼓舞的。我举一个例子，作为成人我经常会反思，尤其作为女性我认为自己要减肥，我每天都在称重，记录下数字并看到数字在慢慢变化，这是积极的反馈。对于学生而言也是一样的。比如，一分钟看200字的文章以前认为很难，现在一分钟看得越来越多，难度越来越大。通过领导力笔记本，学生在这个过程中也加强了交流，提高了合作精神。

我刚刚也提到，我们建立的目标不仅有学校层面，还有孩子的个人层面。我们经常会在墙上贴表格，有些是阅读方面，有些是出勤方面，所设计的每一项指标都是基于学生和学校的总体目标。所有这些都被记录在领导力笔记本上，学生对此非常享受，每一天都跟他们的家庭成员分享。

随着时间的推移，每一个人所扮演的角色也是不一样的。为什么学生所扮演的角色非常重要呢？因为它可以给学生一种非常强的归属感，尤其是在教室或者整个学校中，学生会感到他是受重视的。在这个项目中，学校为学生提供很多发声的机会，即想要扮演什么样的角色。学校给他们一些选择，让他们进行阐述，这样能更好地来调节学生的主动性和积极性。

大部分时间里，可以看到学生的想法甚至比教师的还要好。我们在整个学校方面有相应的学生工作，在班级中也有学生干部所担任的角色。他们扮演的角色以及承担的工作是不一样的，有时工作是由别人部署的。如果一个学生作为领导者来思考，有时他们甚至会想出一些更好的办法，对我们的体系做出必要的改变。学校会在展板中展出学生扮演的不同角色，还有一个板块是把学校一年的目标如何分解展示出来，分解到每个月多少，每个领域、学科分解多少，等等，有一个时间进度表。

　　我们在学校有一些与领导力相关的工作，学生要想参与就必须要申请，而且必须是他们自己愿意做。有各种职位可以让学生申请，但必须在申请里写清楚，我为什么要申请这个职位。我想让学生感觉到这是非常重要的工作，必须认真对待。

　　最后我想再次强调一下，帮助学生建立自信心是非常重要的，你可以给他们设立目标，因为通过给他们设立目标，他们会有自我尊重感，认为自己非常重要，自我价值感非常强。最后这个问题我想留给大家，你们的学校到底需要什么呢？是学习成绩，还是重塑文化，还是其他的方面？希望大家思考。

培养学生领导力

威廉·菲什*

领导者是那些持续为大众提供正面态度的人,他们能为自己的组织做出重要贡献,教师、企业总裁甚至学生,在各自群体中都有类似的表现。另外,领导者往往都有非常乐观的前景,有人格上的魅力或优秀品质,或者有很多其他的高素质,这些素质能够激励其他人。有人会认为领导力是天生的,但有幸的是,领导素质其实是可以被培养的,这些素质包括目标导向、诚实、努力、聆听、沟通、决策制定、鼓励他人、积极和责任心。

我们如何在课堂上教授领导力呢?有很多小组的项目是最好的方法。教师们可以在每一个小组内分配一个小领导,在整个项目期间,每一个项目都换一个小领导,新的领导者可以被分配做

---

* 威廉·菲什(William Fish),美国华盛顿国际教育委员会主席。

项目的某一个部分，也可以负责不同的角色，如报告或最后的展示等。所有这些领导角色都是为了引领小组取得成功、实现目标。

领导者需要努力，需要聆听他人，需要把自己的诉求表达出来，需要作出决定，需要鼓励别人，需要有积极的态度，也需要为最终的项目结果负责。领导者也必须服务小组，这种方式主要是充分考虑到小组中所涉及的任何未完成的工作，并且诚实予以应对。

除此之外，还有其他一些办法来培养领导力技能，比如，设置目标。可以在每个学期开始时引导整个班级，为自己的班级制定个人目标和集体目标，这些共同的目标可以在班里张贴出来，可以定期核查是否完成了这些目标。关于诚实的素质，历史和文学可以让我们更好地掌握，我们让整个班级选择某一个人物，或者是历史人物，或者是虚构人物，来探讨一下他们的人生和他们所作的决定，探讨一下人物的行动哪些是诚实的，哪些是不诚实的，这些不同的行动又带来了什么样的后果，我们从这个人物身上又学到了什么，等等。

关于努力和毅力，对于学生而言项目不能太过简单，但同时要给他们设置比较务实的目标鼓励他们，尤其是他们疲惫或出现挫折的时候。还可以做一些益智类的小游戏或体育活动，给他们提供锻炼毅力的机会。然后和大家探讨如失败了的情绪，如失望，以及从这种失望中能学到什么。

为了能够更好地服务，学生就需要挖掘问题，在开始解决问题之前继续识别问题来进行课堂讨论，另外，还要鼓励整个班级来解决问题。我们分配不同的角色，帮助学生在不同的角色岗位上掌握更多经验。

首先关于聆听。聆听并不是听起来这么简单，我们看到，身边有很多辩论和争论。你会意识到，成年人掌握这项技能也并非轻而易举。其中一个方法就是在课堂上做结构化辩论。学生可以讨论，比如，哪个动物是最好的，或者谁是超级英雄，或者谁有超级能力等这样的话题。从这些有趣的辩论中，他们可以逐渐过渡到严肃的问题，如是不是应该存钱，或者享受当下，或者关注眼前，或者关注长远，是不是要干预某些人帮助他们解决问题，等等。

其次是沟通。课堂上的这些陈述和展示是非常好的帮助学生获取自信、向公众表达自我观点的机会。我们在课堂上做一些游戏来帮助学生掌握这样的技能，其中有一个非常好的沟通游戏叫"引领盲者"，也即，一个人把他的眼睛罩起来扮演盲者，然后他的朋友引领他在教室里走，或者引领他朝着某一个共同目标，或者某一个区域走过去，给他一些指示，以此领会沟通的技能。

还有决策。需要专门给学生提供一些选择，让他们去作决定。可以专门设置一些活动，然后尽可能地使学生从这些活动中有所收获，引导他们评估所做的每一项选择的后果以及好处。

接下来是鼓励。帮助学生或者让学生列出来，他们看到的自己身边同伴的一些优缺点，以及给他们提供专门的时间，去沟通这些人身上的优缺点；也要让学生列出他们不擅长的领域，以及希望改善的领域，然后在一个小群体里探讨他们的这些想法。

还有乐观的态度。和学生探讨积极思维的正向作用，给出一些正向态度以及负面态度的例子，然后分析每一种态度和心态有什么样的后果。可以拿文献或者是历史人物做比较，如和学生探讨积极乐观的态度在自己的领导成就上所起到的作用。

最后是承担责任。让学生专门模拟要承担责任的一些角色，同时，也要承认自己犯过错误，探讨自己是如何承担责任而不是去指责他人的。另外，要解释一下承担责任这件事，如何帮助学生更好地关注自己的掌控力，而不是感觉自己只是一个受害者。找到方法给学生一些奖励，只要他们对自己的行动负责。

谁可以成为领导者呢？对于有的人好像很容易，他们就是天生的领导者，但这种有效的领导力确实是可以反复实践、逐渐习得的。我们倾向于认为，这些有天生魅力的领导者往往有非常张扬勇敢的人格特质，但是我依然认为任何人，哪怕是班上最安静的孩子，也可以成为一个班级领导者，我认为可能在某一点上，某一个人就可以发挥某一特长，成为领导者。考虑到这一点，我认为关键是要提供足够的培训，让学生准备好未来能够承担的各种领导角色，为他们做好准备，朝着积极的方向努力并引导他人。世界需要有领导者，有了培训，有了鼓励，我们的孩子就有潜力能够满足甚至超越我们的期待。

领导价值

罗素·雷特[*]

有人说领导力本质就是关系的建立,来服务于社会;有人指出领导力和现实相关,并有一定的权威感。这些都正确,大家可以通过自己的理念去定义领导力,但我还想重复一个问题,很多人也提到,我们是天生的领导,还是说这种技能是后天习得的,领导力能教会吗?接下来我想介绍的内容是,首先来定义它的重要因素,之后再举几个例子。

我在不同的学区做过实验,那些课程非常成功,都是关于学校培养学生领导力的项目。很多学校会为学生提供机会,在美国、在艾奥瓦州,学生有自己的自制政府,类似于学生委员会,还有班委会,以董事会的方式让学生负责。我们也为学生提供一

---

[*] 罗素·雷特(Russell Reiter),美国艾奥瓦州独立学区学监。

些学生组织，简称 FBS——未来商业领导，还有 FFA——美国未来农户，另外，还有一些音乐乐团和美术团体，所有这些学生团队和俱乐部，都能够为年轻人提供成为领导的机会。

我们在课堂上有一个词汇叫作"领导价值"。大概是在 2005 年的时候，我遇到了一位公司负责人。当时我们探讨如何与学生建立良好关系，设计更好的课程，怎么让学生获得更好的学业。关于学科和课程的价值，有嘉宾提到美国有超过 26 门的课程安排，不同学校可以去采购这些官方教程。但这个数字可能不准确，至少我认为美国有很多优秀课程是专门针对领导力来设计的。但这背后就有一个宏观问题，是教所有学生还是部分学生？是选择精英，比如，我认为你有潜力我就教你，还是覆盖所有学生，在全校实施？

通过这个问题我就在反思，我们合作的一个教育企业研发了一套课程，当时有两个学区实施了这个课程，我们看到了学生面貌的根本变化，也看到了学校的变化。我看到这个方案确实有效，就拿了他们的部分教程过来，看看美国这两个试点项目是如何展开的，教的是什么内容，它的所有活动和项目都在里面。这个"领导价值"的项目，就是专门为课堂来设计的，针对所有学生领导力的课程。它总共有两套教程，一套针对六到八年级，一套针对九到十二年级。去年还新增了学校试点，但最终我希望，每一个年级的 125 个学生在进入高中的时候都能够参加这个课程。

同时，还有一些问题，我们还想测一下学生的两个点：作为一个领导成不成功，要测 IQ 还是 EQ 呢？其实还有一个，叫"实践智力"。测试一个人是否是一个成功领导,大家知道,EQ 现在非常重要,像领导力和行为,还包括自律、坚韧、自我动机、自我意识等,这些都是领导力的技能,还有是否乐观,是否有协作性,是否尊重他人,要看学生是不是有能力在课堂上解决好。

我们六到八年级和九到十二年级的两套课程,总共覆盖了 50 门不同课程,目标就是为了给学生提供更多的能力,包括领导力的发展、个性教育、个人能力提升和商业技能培训。我举一个具体的例子,比如高中课程的第三课,它主要教授耐力、乐观、自我意识、自控、同理心,你要了解别人懂得什么,感同身受,有的学生可能很容易掌握,有的学生就不太懂得怎么去体会他人,我们有一些专门的活动和小组项目,来帮助学生更好地完成培训,了解感同身受意味着什么。

我认为这些课程中最重要的是每一章的末尾,要求学生完成一次公共演讲,这样每个学生都必须要走到课堂前方进行演讲,提高他们的公共表达能力。很多学校也希望他们的学生有这样的能力,这点很有意思。

还有其他一些预期成果,那就是领导力的真正核心内涵。从管理的角度而言,我们知道现在管理层面临很大压力,所以,现在努力挤出一些时间,让所有的孩子都能够上数学课、科学课、社会学、语言艺术课,或者还有音乐课等不同课程。让他们体会到,你的这些努力是只为某些学生设计,还是所有学生。

这个项目对于教师也是很重要的,我们还挑出一些优秀教师进行培训,在培训完之后,让他们把这些传递给学生,其他教师也要理解期待值是什么,然后去模仿。

　　最后再重复一遍,我并不是针对某一家企业或者是某一个做事的方法,我只是告诉大家,如果想教给所有的学生领导力,就要有意识、有目的,而不能凭空想象,必须要有努力教授的过程,设计适合的课程。

学生领导力是全面素质教育的一部分

安德鲁·威廉姆斯[*]

我想提醒大家回忆一下,为什么你要当一名教师。我也会回顾一些关于教育的理念,包括大家一开始熟悉、后来逐渐遗忘的概念,如政府层面、教职员工层面的一些宗旨。我会重点强调领导力,分享我们学校过去十年的领导力培养历程。希望我的演讲是你们认为有趣的,也希望我的经验对你们有一定的借鉴意义。

我是奥登汉姆学校的校长,它在伦敦北部。我教了25年书,有一些是国家学校,有一些是国际学校,还有一些是寄宿制学校。我现在是在一个私立的寄宿学校,主要服务于伦敦北部的一些人士和家庭,或者是国际学生。

我们学校成立于1597年,创始人是伦敦的一名酿酒师。当时

---

[*] 安德鲁·威廉姆斯(Andrew Williams),英国奥登汉姆学校校长。

英国的水资源面临不安全的问题，他就发起了一个叫"小啤酒"的项目，就是汲取干净的水资源。还是在女皇伊丽莎白一世时期，开了一家专门的学校，招收了60名男孩儿，现在它已经是非常知名的古老学校了。这个学校占地面积达到50公顷，现在学生达到一千名，有男有女。

大家如果对伦敦北部的私立学校感兴趣的话，可能会知道我们周边有非常好的学术环境，有一些私立的学校资源，也有一些得到州政府的支持。我们也招收国内和国际的学生，10年前家长非常渴望把孩子送到这所学校，现在世界发生了变化，我们需要向家长去游说，告诉他们我们是什么，对他们做尽可能的宣传，所以，目前我们的招生热度还是没有减少。

我们学校是与众不同的，因为我们的所有员工和所有家长都是全心投入的，竭尽可能给学生提供所有的机会，他们的体育活动、精神和情绪发展都是全面的，这些才是我们领导力发展的基础。几十年来，我们的教学方法一直被视为是综合全面的，现在我们把身体健康、心理健康和学习成绩并列，而且这些方法越来越受欢迎。但我们有何与众不同呢？那就是我们的这种全面式的教学方法，已经跨越四个世纪了。

现在我们坚持的一些理念和模式，是从早晨8：40到下午5：00，我们会专门选一些时间用于音乐、戏剧、体育或其他的活动，他们可以打壁球、打高尔夫球、下棋、玩机器人、拳击、打乒乓球等。除此之外，每周我们会有两次大会，其中一次是周一，在大会上强调一些重要精神，比如，守时、包容，此外，我们还注重个人的智力培养，以及清晰传达同理心、周到等素质的重要性，避免这些年轻男孩儿、女孩儿过度傲慢、自我。

领导力是什么呢？我们知道，不是所有的孩子都能够成为世界领导，也许不同的孩子要学习不同的技能，应对当前的问题。我想概述一些我们希望看到年轻孩子身上需要有的属性，这些可能会帮助他们实现自我。我也不会引述一些心理学家或研究人员的话，因为我自己不是心理学家或管理大师，我们学校只是一个学习环境，我会给大家介绍一些我们的具体活动，如体育活动、戏剧音乐课程，以及帆船活动、陶艺、舞蹈等。

这是我们的奥登汉姆项目，我列出的几个关键属性，是希望孩子在离开学校之后都具备的属性，我们把它叫作奥登汉姆特质。我认为这几个特质建立了领导力的内涵，它们是理想、合作、勇气、好奇心、独立和尊重。我们需要确保这些特质是他们实践的、身体力行的，而不只是停留在文字上的，这也是我们的校园文化。我们希望基于这几大特质，为未来的领导者提供足够的培养技能的机会，我们的律师、法官、医生、教师甚至政治家，他们都对此有信心，最重要的是家长有信心，因为那些社会工作者、社会活跃人士等，都可以在自己岗位上成为领导者。

我们的责任是在教学过程中，让他们感受到这样的领导力，去引导、去鼓励、去倾听，同时为他们提供一些机会，让他们能够在人生道路上走向成功。同时我相信，还要包容他们失败的可能。其实，我们所做的和其他所有教师以及在座各位教师所做的并没有太多差别,我们并不只是关注成绩,并不只是根据政府的要求来从事,我们有学校自己的信念,有自己坚守的价值。我们一开始的课程非常宽泛,总共有 60 门不同课程,8 年级有 50 门,7 年级差不多超过了 40 门。校董会负责所有学生的内容,每两周开一次会,一次要开四个小时。像音乐、话剧、体育也是我们必须完成的课程,所有学生都唱歌,大合唱,同时,我们差不多要在一万三千名社区听众面前表演。

我们 15 岁的孩子充满了能量和热情,他们进行合唱表演,关注社区文化和责任。每两周的会议,整个社区集体倾听,了解过去两周发生的事情,反思过去的成就。我们知道学生是不一样的,要找到他们不同的成功之路。让他们学习欣赏他人,学会谦虚,因为我相信谦虚的品行也是领导必须具备的一点。我们也鼓励学生参与社交服务和社会服务,参与当地的一些成熟项目来进行社区服务。

我们学校不光是一个美好的花园,还需要有一套完整的系统性的价值观。现在我们有两套不同的文化系统,我认为它们可以涵盖我们学校的各个方面。首先就是,我们的社交和学术文化,能够帮助不同等级和年级的学生来享受不同领导力的培训。其实,社交本质上也是责任的彰显,作为年轻的个体,你需要有一个集体的目标。当然,我知道每个人都是有个人目标的,但是在一个学校中一定要有集体目标,如消除文盲、提高阅读力、倾听团队的声音,我们有专门的委员会,像体育、生态、健康、食物,还有学生自己的一些杂志社,还有他们的出版社和报社。现在不同的学生团体能够彼此开展一些决策活动，如果他们想改变社区的话，就可以自己来开会，包括像校标、校服，都可以自己决定。这就是所谓集体责任的彰显。学生还可以学会怎样去辩论，怎样通过一个平台来发出自己的声音，怎样倾听同学的声音，这就是领导出发的原点。所有这些活动都受到教师的支持和监管，同时，我们也提供一个失败的平台，防止学生产生任何心理上的不适和沮丧。

要真正建立有领导力的平台，我认为学生首先要打破自己传统的舒适区。换句话说，你要学习，而且要接受失败，我们有良好的宽容环境。我们也真正将社会和学业的决策尽可能地交给学生，因为我们知道一个良好的校外社区环境，是学生能够全面发展身心的平台，而学习本身是他们成绩的彰显和能力的彰显。最近我相信，大家可能也会意识到，那就是在学生的学业课程上，成绩好和成绩不好的学生，他们的观点相差非常大，我们也有这样的观点。我认为非常有趣，成绩不同的学生的观点差异很大，所以，现在有教师专门指出，不管是学习成绩不好的学生，还是成绩好的学生，都可以完成同样的社交活动。

我还有一个小故事跟大家分享，这个故事很简单，展现的是学生的差异。在伦敦北部地区有很多学术标的和学术胜地，大概有六七所这样的学校，他们在选择究竟什么样的课程最适合学生。一般这些课程都是由相关的委员会和教师来决定的，去年我就反映给了我的领导，我认为我们不应该在当地选择一所最优的来制订课程，其他学校都去跟随，因为我认为那样非常奇怪。

当时我们沟通的学校是始终拿8A或者是八颗星这样的，因为我们希望我们学校也能够选一些这样的课程。其实，我们学校最优秀的是球类活动，包括像舞蹈、唱歌，我相信这些活动也是学生能够完成的，而不光是倾听优秀学校代表。我相信学生不光只是关注考试，他是一个全人，我从来不相信完整的高分能够培养出一个完全好的学生，而是综合能力和他的领导潜能。

四年前，当我们开展纺织小项目的时候，请了20个身体残疾的纺织工，日夜兼顾来教学生纺织手工，所有学生努力利用自己的舒适空间来学习技能。我记得当时有一位受邀的纺织教师摔了一跤，当时有一个七年级的学生就说："老师，我帮你捡起你的手工工具，帮你拿起手套吧。"这是当时学生跟纺织工说的话。过了一个小时之后，这个小学生就非常懂得怎样跟有身体残疾的人沟通了，怎么帮他们做事情，并尊重他们的尊严。同时，他也了解怎样理解他们，跟他们沟通，让他们愉快，学生本身也很有成就感，不光能够照顾自己，还能照顾他的同龄人，甚至是成年人。参加这个项目的学生都说，认为最宝贵的一幕就出现在我们帮助残疾人的项目中，同时，也为他们未来念医学院打下了良好的基础。

其实，我刚才说的都是大家耳熟能详的知识点，但我还是想提醒，或者是唤起大家加入教育大军的初始目标，因为它本身是一种热情。今天我不过是给大家重燃热情的子弹，完成全人教育的基石。其实，我们学校是以一种非常宽泛和包容的角度来实现领导力技能的汲取，下次如果大家来伦敦的话可以来我们学校看一看，大家不会看到一些非常杰出的成就，也不会看到一些截然不同的吸引点，但是我相信我们学校的信念非常坚毅，同时，对我校文化的推崇也非常坚毅。

如何培养学生领导力

格雷戈里·哈钦斯[*]

我是亚历山大市的公立学校的学监,我本人也是这个学校的毕业生,我在毕业多年之后回到学校工作,学生来自114个不同的国家,他们讲的语言大概有119种。

培养学生的领导力对他们未来的成功是非常关键的。我们学校相信,每个学生都能够成功,我们不能仅仅看学生的成绩。对我们而言,我们如何看待学生成功呢?其实,成功的概念有很多维度,就像每年毕业生可能会去常春藤联盟的学校读书。有的学生刚加入我们的时候,之前的学习成绩都不太好,但在我们这边学习三年之后,他的学习成绩有非常大的提升。去年我们有一个

---

[*] 格雷戈里·哈钦斯(Gregory C. Hutchings, Jr),美国弗吉尼亚州亚历山大市公立学区学监。

学生的家乡发生了战乱，后来他在我们这边学习，之后去了纽约的一个学校，在那边学习音乐。

我们认为，学生在学校学习的经历，能够帮助他们在未来的生活和未来的职业中发展得更好。学校通过教育让他们做好各项准备，不管高中毕业之后想去申请哪所大学，我们都能够让他们做好准备。

我们培养学生，第一是提供一个项目，这个项目让大家学习很多经验，包括学生的领导力，让学生有机会去参与和表现他领导的技能，练习领导的技能。我们不仅在学校，还在社区、社会上，给他们创造很多机会，让他们有实践机会。通过这种方式，我们使他们得到更好的发展，能够更多地参与社会和社区中的很多学习和很多实践，另外，学生可以随时在想读书的时候能从图书馆得到相关的书籍。

第二，我们让学生在社区学习社区的历史，把学校学到的知识教给他人。除此之外，有些学生，如他是有特殊需求的学生，学校给这样的学生和家庭提供专门的一些资源，让他们能够获取学习所需要的资源、工具等。领导力只是高中学生培养的各个方面的其中一部分，我们提倡所有学生能够有平等的发展机会。

这个进阶项目面对的是家庭有一定的困难或者说他们在美国社会中发声不足的家庭和学生。来自这些条件不太好的家庭的学生，其实，个人决心非常大，他们也希望能够得到很好的学习资源，未来能够顺利进入大学，并且在进入社会的时候能发挥领导的角色。

我们所有的高中都有这个个人进阶项目，也把它叫作AVID，AVID项目的好处在哪里呢？给学生机会能让他跟别的学生平等共同发展。我们提供了更多平等的机会给所有的学生，有平等的发展机会和平等领导力的机会，还提供了很多工具和资源。整个AVID项目让学生通过参与促使学业成绩提高，能够为他申请大学做好准备。这个项目尤其对很多来自困难家庭的学生而言非常好，我们教学生很多方面的技能，包括领导力、文化、组织机构、架构，以及如何做计划等各个方面。

在我们学校，有300多名毕业生，他们占了我们这个中学人口的10%，他们参与了我们的AVID项目，而且他们还参加了很多课外活动，这些数字每一年都会翻一番。78%的学生获得了免费的午餐或者优惠的午餐，而且70%的第一代大学生都受到了影响，他们的大学申请都有明显的提升，100%的学生都能如期毕业。而且获得了大学的入学申请，所以，这个领导力的技能对他们而言非常重要，能够给予他们成功的技能，让他们获得进入大学所需要的分数。

如果他们没有获得这项领导力技能培训，在这方面就会有一些弱势。我们也即将开始新一轮执行期，在中学入学之前开启。我们另外一种提高学生的领导力的方式是学生的咨询委员会，在他们毕业之前就让他们参与到毕业之后的规划和讨论中，这样能够更好地让他们去作决策，而且也给予这些学生一些机会，让他们能够未雨绸缪，提早扮演领导，作决策，做规划；同时，也能够让教师与学生建立更多的联系，让他们更多地分享他们的所思所想，这样能够建立起我们的合作。

　　我们最近在讨论未来的高中，我们计划在高中阶段办越来越多这样的咨询讨论的活动。让这些学生思考，一旦他们受到这样的激励，他们渴望什么。我们怎样去创造一些领导力的项目吸引更多的学生参与其中？赋能，通过这样的活动我们能够聆听到学生的心声，他们能够积极地参与其中，而且他们也希望能够在这些活动中获得一手的经验，能够动手去学习。他们希望有更多的职业选择的探索，大学专业选择的探索，他们也希望有更多的机会参与到课程之中。他们更渴望以这种项目为基础的学习，他们希望在高中阶段就能够体验到大学学什么，他们更倾向于这种动手参与项目式的学习，而不是仅仅填鸭式的教育，我们现在把这些元素也融入到课程设计的过程中。

　　在学校里面建立起一种公平的氛围，确保所有学生都能够获得公平的机遇。我之前谈到了越早创立领导力的培训越有意义，这能够让他们获得公平的机会，成为全球的领导者。对于这个项目而言，必须是让每一个学生都能参与其中，不管他们的背景如何，他们的家庭是贫穷还是富裕，我们要通过这种领导力的培训，让他们能够通过自身的努力获得成功。

　　公平不仅是完全平等，为学生赋能必须要确保他们每一个人都获得了他们所学习的技能，因为每一个人的期望、需求不同，他们的能力也是不同的。今年我们学校会做一个评估，评估学生每天所面临的问题、障碍是什么，他们目前的状况和他们的理想与他们所追求的之间有怎样的鸿沟，从而一一解决问题，让他们更好地获得解决方案，实现成功。

　　实现这一点，需要社区合作与家庭合作，与家庭合作很重要，它对年轻人的成长非常重要。我们要确保学生在家庭能够得到家人的支持。我们没有办法选择他们的家长，但是至少我们能够知道他们的家长，让他们给予孩子更多的鼓励。作为教育者，作为学校的教师必须让孩子有一个更好的家庭氛围。我们现在还在准备一些策略，能够让我们五年之内加强我们与家庭的互动与合作，这样能够更好地帮助我们提升孩子的领导力，不仅仅在学校，在家庭也是如此，而且能够为每一个学生创造良好的环境，确保每一个孩子的赋能。

　　总之，我们所说的领导力，学业和成绩都非常重要，实现这两方面的双赢必须要有系统的解决方案，让学生获得更多的机会，不管他们的家庭状况如何，我们希望能够通过公平的环境让他们获得成功。让他们积极参与到未来世界的发展中：要确保每一个孩子能够参与，与这个世界互动，这对于我们而言，应该是衡量孩子成长的一个标准。学生在毕业之后进入到各种各样的领域，人文、科学、技术等，我们要确保他们能够在各个领域茁壮成长的话，就需要他们有这样基础的领导能力、沟通能力。

培养全球化时代学生领导力

伊莎贝斯·奥斯汀[*]

我认为每一个个体的领导力其实是个人成长的一个结果。每一个人通过学习,通过接触塑造了他的品格,这对于他的成功而言是至关重要的。

我们的学校建于 18 世纪,现在有 900 多位学生,有两个教学项目,两年和三年教学项目。学生一般是在 15 岁或 16 岁入学,学费是免费的。学生毕业之后,他们会申请大学,然后到大学或者去其他的学院进行进修,我们学校的宣言是:好奇心是所有智慧的源泉。

教育的目标是什么呢?我想了很多,思考了很多,过去教育的一些重点现在已经有了一些变化,现在学生必须要具备学术能

---

[*] 伊莎贝斯·奥斯汀(Elsebeth Austin),丹麦乐音高中校长。

力，在成年之前他们需要完成这些学业的学习，而且也希望他们在进入职场之前做好准备。有的人认为教育与事业是无关的，因为教育就是去学知识，学价值观，掌握信仰，而且养成一个科学的习惯。教育就是让一个人的生命能够更为充实地组合。

其实，教育就是人类灵魂上的一块砖，是人类灵魂的一个雕塑，我们需要紧跟其后，灵魂才能变得更有意义。教育只有与政治进行脱离之后它才能够是纯粹的自由的思想，创造性的思维，还有颠覆传统的看法，这些都是教育的核心，它能够塑造人的品格。

作为教育者，我们要承担怎样的责任，我们又有怎样的义务呢？首先在学习过程中，培养学生的自我领导力，通过了解这个世界，通过和教师的交流，通过与同学共同的成长，他们会形成对自己身份的认同，获得必要的技能，更好地与这个世界相处。我们所生活的世界越来越复杂，所以，他们需要的技能越来越多。现在的世界变得越来越难以预测，如果我们要提升学生的领导力，而且让他们更好地在全球化的背景下与世界共存，我们就需要留有足够的空间让他们亲身去体验这个世界，而不是让成年人更多地干预他们的生活，我们要学会放手，但是放手是需要勇气的。

丹麦有一个知名的教育者，他认为更重要的是，未来学生通过受教育成为什么样的人，而不是实现什么样的事情。当时，他想让丹麦的年轻人能够更多地参与到社会中学习文化、学习历史，能够成为民主中一个积极的参与分子。

但是今天大家好像更多认为教育只是为了实现社会的一些需求和目的，所以，这些有可能会影响我们整个学习的过程。当时他说教师可以从学生身上学习，学生也可以从教师身上学习，这样在我们过去整个的这种架构中架起了一个桥梁，实现精神方面的发展。

今天，丹麦的高等教育主要有四个支柱，第一个是全球化，第二个是数字化，第三个是创新，第四个是职业发展。在丹麦，我们作为教育者到底做得成功的方面在哪里呢？丹麦的高中鼓励学生自己负责，对自己未来的成功，包括自己作决策的过程负起责任，鼓励自己作决策。我们有学生理事会，他们成立了学生之间的相当于学生会的组织，他们通过自己的机构也能够对教师的教育方法发表一些意见，如什么样的教学方法，什么样的话题是他们感兴趣的，而且他们要负责他们的社会生活如何安排。

学生还要教比他们更年幼的一些学生，有的学生还要承担起一个导师的职责去指导其他的学生，我们也会有学生大使，最后我们也会鼓励所有学生参与到政治生活中，让他们成立各种年轻的组织，让他们也参与进来，如我们本地的一些议会等，年龄当然是18岁以上。

到底哪些对教育的目的而言是相违背的呢？过去二三十年我们看到一种新的公众教育管理方面的潮流，因为他们把学生看作是未来的一个劳动力。现在更多是说大家的价值是什么呢？如何适应社会，如何为未来的工作做准备，感觉更多的是利他主义。

我们学校的管理者之一跟我们讲的是，我们的市政有一个想法，让更多学生能够不去受这种主流社会的一些影响，能够更好地让学生做好在全球化 21 世纪领导力的准备，我们所做的是什么呢？就是各个方面都让学生做好这种准备，第一个是让他们能够培养创意性的思维，这种创意性思维能够让他们解决各个领域的问题。第二个是批判性评估，让他们就相应的阅读材料进行阅读，并且能够就相应话题进行辩论。第三个是社会责任感，社会责任感也是联合国全球目标之一，这个全球目标也是我们学校战略的一部分，把它纳入到我们日常的教学工作中。

在 2015 年联合国推出了 17 项可持续发展目标，为什么呢？因为希望在 2030 年以后我们有一个可持续发展的全球的发展目标。其中一个即是要关注年轻人的教育，加强年轻人的技能，能够让他们成为全球公民，让他们拥有社会责任感，能够有同情心，能够理解不同文化中的人。

我认为这其实是教育和领导力的真正意义所在，如果我们把这些方面做好，其他的肯定会跟上。

青少年战略：一种积极的目的

迈－布里特·贝思[*]

我是丹麦乐音高中的校董，也是我们市政厅的负责人，现在我也是一名教师。我今天想给大家分享我们学校的年轻人战略，这个战略是面向未来而言的。

丹麦有一项最雄心勃勃的年轻战略，为什么要有年轻人战略？如果根据我们未来 2019 年到 2039 年这个期间劳动力需求预测结果来看的话，或许能够找到答案。虽然我们现在失业率不到 3%，但是 25 岁到 29 岁的年轻人，如果问他们发展中遇到的挑战是什么，他们很多一部分人都会说他们压力很大。

通过年轻人策略，希望能够帮助他们未来成为社会劳动力的中坚力量，我们的远景是什么呢？

---

[*] 迈－布里特·贝思（Mai-Britt Beith），丹麦乐音高中校董。

第一个包括两方面。首先，面向未来，我认为人们对外有一种挑战实现自己梦想的一种内心想法，外在世界包括各个地方，各个机会，还有其他人、父母，这些能够实现年轻人追求他们的梦想。其次是洞察力。每个年轻人都有想过一个好生活的梦想，我们希望发掘他们的潜力，帮助他们能发展更好的能力，能够在未来离自己想实现好生活的目标上面更进一步。我们认为个人能力的发展对于年轻人而言，如果他发展得好，未来在他职业生涯和各个方面都是很有好处的。我们希望帮助年轻人实现他未来的目标和目的，未来的目标是什么呢？这是非常关键的，每个人都会有自己未来的目标，不管通过学习还是各种方式希望达到，这对每个人而言也是非常重要的。首先他的目标是什么，让他们自己去发掘发现这个目标，这是非常重要的。所以，让每一个年轻人，每一个个体都去发现自己未来的目标，去发掘并且就集中在这一点上非常关键。

第二个我们认为你想做任何的工作或者上任何学都是好的，没有对错，不说这个工作好或者不好，任何工作都是好的。

第三个是说他们的梦想可能要接受挑战，最后实现。还有我们要给学生创造更多的机会，关于工作机会和教育机会。

第四个我们也意识到目标和梦想随着时间发展可能也会发生不断的变化。

在这个过程中，我们想让学生有一个全面的了解，随着年龄的增长会有不同的目标。

作为政府工作人员，我也希望当我们看到有什么方向不对的时候，能够做指导，让他们及时回到正确的路上来。第一个方面就是小学，从小学和幼儿园开始，教学架构中有一项从幼儿园到九年级中间，每年有 25 个小时的主题学习，让学生了解父母的工作是什么、社会上有什么其他的工作、了解各种工作内容都是什么，促使他们产生一种好奇心。

我们所有的小学都配有一个职业规划教师岗位，也配备实习园，帮助学生安排一些实习项目。除此之外，还有一些创新方面的主管等。

我们整个策略中很重要的一环，就是雇主，我们会邀请很多当地的雇主和公司参与到这个工作中来，告诉我们什么是他们需要的，他们给了我们很多重要的反馈信息。如果有年轻人敲门，说希望找到一份毕业后的工作或者找一份实习，合作的公司就有义务帮助他们；如果没有帮助到他们，也可以将其推荐给一个其他的利益相关方。通过这样的方式就不会出现有学生找不到工作，或者有同学在求职的过程中落后于他人的局面。

我们也会采取相关的措施帮助这些弱势群体，要年轻人战略大使作为担保合作人。支持也是非常重要的，而且涉及的人非常广。

通常，并不是指他们去找指南就能够找到答案，有的时候我们必须与他们更多地接触。我们还有一些特殊的活动帮助解决一些相关的问题，例如，学生旷课，现在旷课的问题也是越来越严重了，还有一些年轻学生会有一些药品或者吸毒的问题，我们针对成年人有这种戒毒的项目，而且我们还有专业的教学家和心理咨询团队，为他们提供专业的教育和心理咨询。

最后我们还会给他们提供相关的引导，我们要确保每个人都有足够的支持、引导，作出适合自己的决定、决策。如果我们没有给他们足够的支持做决策，他们很可能就没有办法实现他们的愿望，这也就是为什么我们也让咨询师参与。现在每一个青年学生在学校做就业选择的时候，都会有相关导师对其进行谈话，而且在高中阶段还会有相关的委员会定期组织讨论活动。

现在，改变这些教学方法不是一件简单的事情，但是它的影响确实深远。我们认为至少五到八年左右，就能慢慢看到教育的转变带来的效果，这对我们的同事而言，也是一件困难的事情。当在做投资的时候，人们都会看短期的回报，但这是一个长期的回报过程。我们认为这样的一项教学理念转变是很重要的，不仅仅追求学术成功，它也是不寻常的一个项目。

当我们没有定好目标的时候，我们就不知道到底它起了作用还是没有起作用，所以，我们与一些科学家进行合作，他们会参与进行研究，研究我们这种教学方法、教学理念调整会产生怎样的影响，是朝着正确的方向走还是会偏离轨道。我们的这种策略是全新的，会慢慢进入深水区，我们也是刚刚开始，已经启动了一些执行过程，很可能在未来一两年，能够看到它带来的一些主要的成果或者结果。

忘却旧的领导力
——今日领导明日之学校

尼古拉斯·波里亚克[*]

我们学会了如何当教师，如何管理学校，我们也开始工作了，而且实践了很多我们所尊崇、所学习的理念。但是，现在而言我们过去学习的那些经验不一定是最好的、最适合的，而且很多我们要学到的东西和学生所需要的东西已经不是一致的了。我们写了这本书就是反学习，让学校的领导者知道学生需要什么，怎么样把教学和学生更紧密地联系在一起。

迈克和我一再谈论什么叫反学习，要建立起学生的联系，建立起他们领导力的联系，而且我们的教学理念要与时俱进，要让这些领导清空之前所学的内容，然后再与时俱进。我们总是抛弃掉过时的东西，腾出空间学习新的东西。我们现在也在做这样的

---

[*] 尼古拉斯·波里亚克（Nicholas Polyak），美国伊利诺伊州莱顿高中学区学监。

调整，我们在调整教学法，调整教学理念、教学的体系，实现这些变化才能够更好地准备和应对未来。为了迎接未来，我们要开始审视确定过去哪些可以保留，哪些传统或者不适宜的理念需要被淘汰。

其实，我们的委员会最开始是由10位杰出人士创立的，当时没有办法摒弃掉19世纪传统的理念和教学法，我们希望把反学习的概念传播出来，让他们能够更好地培养下一代的领导者，我认为这个概念是非常非常有意义的。

在2016年的未来者论坛，迈克和我看望了一位朋友，他给我们分享了一段视频，我们参与了他后来组织的一些活动。我们当时问了一个问题，你认为什么是科学的颜色呢？是黑色还是黄色？美国的路上这种警示标志要么就是黄色，要么就是黑色，后来改成了黑和灰，但是到底哪个颜色更合适。当时接受我们培训的人接触的是黑色和黄色，他们很难适应新的标志，尽管已经知道了颜色的变化，但他们很难改变之前的习惯，因为没有改变习惯，所以，他们很难对后面新的内容产生正确反应。过去的知识影响了他们对现在新知识的吸收，这就是提出"反学习"概念的重要之处。

我们之前学习的内容可能会影响到之后学习的效率。世界的变化是如此之迅速，但我们的教育体系领导者没有跟上这个步伐，就像刚刚举的例子一样。我们要思考作为教育的领导者，"反学习"应该如何执行，之前有人提到过去教育是实现人与人之间平衡公平的一个非常有意义的切换器，它是让社会有秩序运行的一个工序。但是现在不一样了，教育理念也应该产生变化。

2016年，我提出了一个新的概念，当时这七位是我们学校学区的管理者，我告诉他们说，我们的学校不是为这些年轻人建立的，我们学校是为学生建立的，我们要了解学生，我们要让学生参与到委员会中，而不是让成年人管理它。我们后来加了两个名额，为学生腾出两个席位。他们每天也会接收到其他委员会成员接收到的信息，而且他们也为我们提供了学生的视角，他们如何看待现在的教学体系，以及学生的心声，他们能够让我们了解到学生的诉求，而且他们在决策中也有一席之地。

在一次讨论中，这两位同学分享了他们的经验、心声，并且提到了学生心理健康、心理压抑这个问题。他们认为很多孩子选择课的时候不是按照自己的喜好，而是按照是否能在这门课上拿高分，这个问题提出来了之后我们就要思考如何解决，为什么学生会有这样的一种倾向，以及为什么之前没有发现这个问题。我们要让学生加入到决策过程中才能更好地发现问题、解决问题。

后来我们又扩展了两个席位，现在有四个。有越来越多的孩子参与到决策执行过程中，这让他们变得更加自信。每一个年级学生都要有他们的代表，他们没有时间等待，我们的改变必须是立即采取措施的。

传统教学的理念已经不能够适应社会的需求，为什么改变非常困难呢，挑战和原因是什么？每个人都去过学校，每个人都有自己的信仰，每个人都有自己所相信的认同的东西。我们认同的是过去的理念，我们根据这个理念实现了成功，我们习以为常了。但是学生，我们未来的学生，他们适应成长的过程是不一样的，他们更有灵活性，他们的可能性也更多，我们要确保他们所接受的教学是与时俱进的，他们不与社会脱节，领导力要调整，要摒弃过去不合时宜的内容，注入新的活力和血液。父母和社区也应该参与其中，迎接一个新的时代。

怀念过去当然是有意义的，这也是建立了很多博物馆的原因，但是在教学这个环节，事实并非如此。

有位学生叫菲比，他去上工程课，当时我们有固定的课程、项目要学生去完成，已经是非常有创新的课程，要求每个学生做同样的项目，一年结束之后他完成了所有的工作、项目和作业。他的教师问了一个简单的问题："接下来想干什么？"菲比说："我想用工程设计软件和3D打印机做一个学校的模型。"

后来他就做了很多测量工作、拍照，进行了计算，用这个软件打印出了一个学校的3D模型，这个模型把每一扇窗和门都打印了出来，他把这个模型送给了校长。后来，他又做了一个模型，把那个模型送给另一个校长。迈克和我去参加一个白宫的会议，他又利用他的所学所长打印了白宫模型，他把他的工具和做法也分享给我，然后我把他的作品呈现给了当时白宫的总统。

后来很多媒体也报道了出来，他的作品得到赞赏，也吸引了很多人的关注。菲比对这个3D打印技术异常有热情，他后来也做了很多作品，他甚至用3D打印技术打印了小提琴，他也打印了很多很多其他有意义的工具。现在他在大学学习工程学，已经在参与一些相关项目。

教师如果能够摒弃过去传统的理念来引导孩子去创新、去探索，就能够发现他们更多的潜力。如果当时教师的回答不一样，事情是不是还会发展到今天这样一个结果呢？其实，我们看到了一些念旧式的教学法，它可能会造成很多问题。我们也需要去与时俱进，适应新的技术，运用新的技术。我们在孩子的教育方面也需要摒弃过去那些淘汰了的没有与时俱进的东西，必须让他们学会新的东西，不仅仅让孩子摒弃这些，作为教师、作为家长也是如此。

有一位作者，他写了一本关于领导力的挑战的书，书中讲如何才能帮助应对这些挑战。首先我们要去学习模仿，然后要激励共同的愿景，挑战固有的流程，让他人能够全身心地参与到、投入到这些项目中。我们必须让领导去参与其中，去了解哪些是能够适应未来、与时俱进的方法论。

最后我希望给大家分享一个例子，我们的学校也有一个表演系，每年都会有一些表演，有音乐表演、戏剧表演等。在过去几十年中，我们见证过了很多人口的变化，尤其是在我们学区。之前高加索的学生人口也是在逐渐地变化，我们当时发现高加索这里的学生不再申请我们的戏曲学院了，为什么会出现这种情况呢？因为他们很可能认为戏曲的教学没有与时俱进，于是我们进行了调整，用双语来进行戏曲表演，包括西班牙和英语，通过双语的调整设置，我们发现这里吸引戏曲的学生越来越多，当时有一个叫马瑞亚的学生，她的父母还在找寻她丢失的姐姐，她另外一位兄弟也是在那里遭遇了事故，她当时不会说英语，她来到这个学校的时候语言不通,自己也非常沮丧。她第二天又进行尝试,她自己认为尝试没有成功,但她的表演却打动了教师,因为这个剧演的就是一个女孩儿,她正在挣扎于两个世界中,她从一个旧的环境进入到一个新的环境,她来到了美国。其实,这与她自己的人生经历非常相似,虽然她不会说双语,但是双语设置为她打开了一扇新的窗户,让她更好地融入到了新的社区中。

  我经常会想到马瑞亚,想到她的故事。在戏曲课中如果不是开设双语项目,对马瑞亚而言,会有什么样的影响。因此,我们开始在想如何"反学习"、不学习。通过教育我们学会了"反学习",其实真正的改变都是有可能的,也是这种方式能够让我们未来的世界变得更好,让我们一起携手努力把未来世界变得更好。

学生话语：从无形到无价

迈克尔·鲁博菲尔德[*]

今天的领导者们需要能够给学生赋能，与他们连接在一起。所以，在这个过程中我们要给学生声音的通道，听取他们的声音，让他们发声。

很多条件下我们研究发现，学生的声音往往由于种种原因都是听不到的。我们的体系没有把学生的声音包括进来。在美国，像我的学校，我所在的地方发生过这种情况，其他地方也存在这种情况。我们认为学生的声音是非常关键的，学校的教育真的需要听听学生的一些想法，听听学生的声音和表达。所以，有两个问题我们要问，为什么现在学校的领导者把学生的声音和意见放进来呢？今天的管理者通过什么渠道获得学生的声音呢？

---

[*] 迈克尔·鲁博菲尔德（Michael Lubelfeld），美国伊利诺伊州北岸学区学监。

根据我们2005年的研究，在学生的学习中最重要的角色就是教师，第二个重要的角色是校长。这个研究表明校长是一个领导者，他必须要进行自我学习。我们也需要扩大学生的声音，听到学生的声音。

赋能他人，让他人采取行动。这是一个有自信心的领导者做的事情，赋能他人是领导技能中非常重要的一个方面。我们认为听取学生的建议是一个自信的领导者所要做的事情，不管是校长还是校董校监等都应该真正听学生的意见、学生的反馈和声音。

在我们的学校，我们在逐渐改变这种制度或者模式，让学生更多参与进来。如何把学生的声音加入进来呢？我给大家举个例子，有个女孩叫凯拉，她很感兴趣于数字以及技术方面的话题，她为三年级以及以下的幼儿园的学生做了很多，给这些孩子上课，后来她又给这些孩子增加这个领域的课程，给更多学校的孩子上课。几年前，当我们要办一个小论坛的时候，凯拉邀请了很多演讲人做演讲，其中尤其给大家讲述了学生意见和建议的重要性以及影响力。凯拉做的这些事情确实令人非常佩服。

我们在整个过程中创造了一种让学生主动积极参与的过程和合作氛围，让学生从表面上参与转变到了更深入的参与。学生确实也学习到了更多，这对于学生和领导者以及学校管理层而言都是一个双赢结局。教育者也意识到我们有必要转变以前的领导模式和未来领导模式，慢慢过渡到学生更多参与进来的模式。

我们认为凯拉的成功，对教育是一个非常好的案例。所以，这种方法也可以用到任何的学校中，让学生的声音能更多地受到重视。我们作为实践者,是希望在更多的方面能够使学生的声音和意见参与进来,听取他们的声音。

以前的时候都是以学校为主,教师优先的。如果把教师的声音更加地放大,更重视起来,我们就相当于把教育再创造了一样,整个教育的体系真正地发生了一个变化。这是未来的一种模式和趋势,在这种模式下学生更愿意主动去学习,而且有的时候学生的理念和想法能够改变教育的一些模式。

19世纪以来,教师是主导,在21世纪,我们认为学习体系,应该是以学生为中心的。所以,今天我们要去学习,改变过去的一些模式。这些方法或者道路可以复制到不同的地方去。如学生的实际生活中,在学校中有这种领导的经历,能够帮助他们未来更好地成功,尤其在他们离开学校的时候。

我们在整个教学过程中有意地让学生参与进来,赋能学生去参与、去设计。我们学区的委员会有7个学生,8个教师,还有7个管理员。所以什么是现代的学习模式呢?我们会在这个过程中做一个画像,我们的毕业生是一个什么样的情况,给他们做一个画像。这种画像包括一些表述,对毕业生应该具备的技能、知识等方面的描述,在这个过程中学生也参与进来,作为见证者和参与者来确定未来毕业生应该具备的技能和学习模式。委员会在讨论的时候,学生代表也是平等的参与方,他们也会发表意见和看法。通过这种方式他们的影响力会非常大,能够真正地有效果。

孩子的心声得到关注,能够加强我们对孩子的了解,让我们的领导者有足够的案例来做更科学的决策，而且也能够让学生的诉求融入到决策制定过程中。我们现在的这些与学生的互动还是延续着过去的传统，它还存在一些缺陷，在未来我们希望这些学生的意见能够成为我们计划和转变中的重中之重、核心。

19世纪，新英格兰给了我们一些很好的经验。马萨诸塞州，在1824年不同的学生分为不同的年纪不同的等级，而不是不分年纪不分能力的统一教育。20世纪40年代以来所涉猎的这种以年龄为导向的年级划分一直延续至今，但是我们现在也在思考，按年龄大小来划分是否还有效，是否是科学的。现在我们学校的校长就是按照年纪来划分，我们是否有质疑呢，我们是不是要做一些调整和变化呢？

在未来的教学体系中我们是不是要按照他们的能力，按照他们的学习进度来划分呢？更多地听听他们的声音，这样才能更好地让我们去了解他们，让他们实现成功。有的时候学生在这种被动模式下学习，他们不知道自己要什么，尤其是贫困家庭的孩子，所以，我们不仅要倾听他们的声音，而且还要帮助他们找回自己的声音。当一个国家、一个家庭中的资源匮乏的时候，我们的社区就有必要给他们相关的帮助，我们把这些孩子组织起来去参加世界各地的志愿活动，而且我们的教师和学生会共同出资为这样的志愿活动提供支持。其中有一名学生叫麦克，参加完志愿活动之后，他说现在很多南美洲的贫困家庭的学生没有好的居住环境，志愿活动让他们更好地了解到了世界，更好地了解到了不同地区不同的人的生活。

这样的一段经历也会影响他专业的选择，影响他的求职。我们在学校里面不仅仅是使他们的分数得到最高，而是让他们找到自己的心声和目标，让他们能够全身心地投入到目标中。那到底孩子的成长中存在哪些障碍呢？是什么阻碍了他们的创新力呢？我们让他们的心声得到重视，而不是让他们的心声被忽视，这样才能改变教育的本质。我们现在在实践中，在学校体系中都要做这样的改变，我们要问他们你们喜欢什么，多问他们为什么，我认为这是非常必要的，而且要让他们真真正正适应未来。

我们希望学生能够参与到角色过程中，他们的心声得到重视、得到尊重。这涉及我们教学理念的变化，教学习惯的变化，教学系统的重新设计。这是可能实现的，这是能有回报的。

通过课程培养学生领导力

特雷西·寇特*

我们相信,学生的领导力技能和能力是需要教授、引导的。我们通过 students 这个课程来提高他们的技能,students 课程包括科学、技术、工程、艺术和数学,是这些课程内容的一个融合。students 课程融合这些学科,尤其是技术、数学方面。我们认为学生在早期,在学前期参与到 students,能够让他们塑造更好的领导能力、更好地为大学生活,为工作做好准备。这能够让他们在早期就学会协同合作、动手合作。

我们的课程让他们去想象,让他们去设计,让他们去寻找解决方案,让他们去应对生活中所出现的各种各样的问题,这样能够增强他们的自信,提高解决问题的能力。我们的学生会去实验

---

* 特雷西·寇特（Tracie Cote），美国马萨诸塞州威尔汉姆公立学区校长。

室相互交流，共同协作来实现他们共同的目标，他们会交流彼此的想法，与此同时他们非常关注21世纪的新技术，包括数字技术等，还有一些创新的思维方法，这些都能够提高他们的生产力。

所有的这些技能都需要我们去培养，这样才能够让他们形成未来有竞争力的领导力。我们的课程能够让他们成为未来能做出贡献的居民，我们很多的学习体验都是让他们身临其境的。我们关注在全课程中因人而异地提供这种针对性的引导，在我们的学区，年轻的同学们很早就开始工程设计。幼儿园阶段，我们也会培养他们对自然的好奇心，让他们探索自然的世界，他们会去自然界，与其中各种各样的生物进行沟通。他们很多活动是课外的，去观察鸟的栖息地，最后会画出来然后再用相关的材料搭建一个鸟巢，他们会就如何设计与同级的同学讨论，这能够让他们对自己有更多的了解，而且其中也会涉及数学设计、技术方面等能力的运用。

作为小学生，课程也能够让他们加深对于一些自然现象的了解，我们希望他们能够观察世界、了解世界，充满好奇心，以创新的方式来解决问题，我们会使用各种各样的活动将阅读、设计和其他的问题融合到一起，将他们放到真实的生活场景中解决问题。如我们会有很多场景式的演练，中学中每一个学生都要去了解一种能源的需求以及这种能源在生活中的运用，这种能源运用所产生的环境影响，我会让他们去做独立调查，去做预判，尝试提出一个解决方案来满足这种能源的需求，这就需要他们进行数学计算，做模拟，需要他们做演讲，这是对他们综合能力的挑战，让他们尝试解决我们面临的巨大危机。

我们的学校有两个标志性建筑,都是学生设计出来的,随着他们参与各种各样的设计,他们能够获得更多的经验,也能够建立一种成就感。接下来我们来谈一谈学生的心声,学生的诉求,这也是我们非常关注的一点。

我们现在非常关注学生的心声,我们会鼓励他们去分享所学到的知识、积累的经验,学生的领导者要有能力作决定,尤其要获得足够的科学数据帮助他们寻找解决方案作决策。有能力的领导者通常也具备很强的好奇心,通常不仅仅能够提出一个解决方案,而且他们的能力必须是多维度的,这些多维度的能力培养都是通过课程培训的,他们都是多能力的多面手,所以,越早接触课程越早体现出多面手的能力。

这些学生能够申请到 IT 课程,也能够上 IP 课程,我们非常开心地看到有很多学生已经获得了很多国际学位,而且我们现在也在不断地提升学生获得国际化教育的机会。我们的全球教育和 students 教育让他们的生活更为充实、更为多彩,以更多的同理心了解他人,而且他们也能够参与到项目中,包括短期和长期的游学课程,还有一些全球性的峰会。

领导力的培训需要我们组织实践,作为教师,我们也需要承担起这样的责任去提高他们的领导力。首先教师自己要有足够的领导力,我们作为管理者也要赋能教师,让教师去学习和发展他的领导力。学生在未来有不同的角色,他们在各个角色中需要发展领导力。学生不断地发展,教师也需要在他的职业中不断地发展,所以就要跳出惯有的思维去学习。

如何激励学生充分发挥他们的潜力

克劳斯·隆资加德[*]

我来自丹麦的乐音高中。我今天给大家分享的话题是"如何鼓励学生实现发掘他们的全部潜力"。

丹麦是世界上最幸福和最快乐的国家之一,整个社会体系比较完善,如果你失业了,政府会有补助,教育也是免费的,从幼儿园到大学都是免费教育。如果生病了,也有相应的医疗方面的补助,就个人而言,在丹麦每个人都有平等的机会。所以,整个教育方面也是免费的,从幼儿园一直到大学都是免费的。

在高中,当学生达到18岁的时候,政府会给学生发资助、补贴让他去上学。当你开始上大学,你大概一个月能收到一千美元左右的补贴继续学业,所以,在大学的录取方面每个人都是平等

---

[*] 克劳斯·隆资加德(Klaus Lundsgaard),丹麦乐音私立学校校长。

的，都能上大学。你没办法去购买一个上学的资格，但每个人都是有机会的。由于免费，人们没有太多的动力去学习。为什么？因为在丹麦，学生学不学习，或者学习好不好，或者上不上大学，都不至于生活不下去，即便是你无家可归，你也可以享受到国家医疗方面的政策和保险。

人们普遍认为，国家的好处也可能会有负面问题——让大家缺乏动力，我想从教育的角度，从学术角度解决这种问题。首先，学生每个人学习的方法和方式不一样，所以，这种不一样就意味着教师也要用不同的方法去教他们。学校和家庭之间要有合作，学生会学习更多的技能，教师也在这个过程中不断地学习。教学方法的不同意味着什么呢？所有的学生都要达到同样的一个学习目标，但是他们有机会用不同的方式达到目标，而且学习步骤和节奏也有快慢之分。教师也要根据学生的学习风格相应地来做一些教学方面的调整，用不同的方式教学生。

说到这种合作关系，班级、教师还有家庭对学生的发展都是非常关键的。除了每次考试的结果之外，我们也要看第二年学生发展得怎么样，我们会根据他们前一年度的情况决定第二年度怎么去教学，怎么去分组等。最终的目的是让学生愿意来学校，而且来了学校之后非常快乐。在社区中孩子也充满信心，这就是我们的一种包容性的社区模式。因为这样能给学生更多的希望，让他们更多地学习和发展，成为一个专业人士。说到学生和家庭的合作，很多人讲了学校、教师等，也提到了学生本人。学生还有父母要跟学校合作支持很多课堂，这就是为什么我们说一个好的学校和家庭、学生合作的关系应该大力发展。

为了让我们的学生更有动力，我们成立了一个联合会，它包括了丹麦所有的私立学校。我们对七年级到九年级孩子的学习中遇到的一些挑战，把它拿出来，一起来应对。让更小一些的孩子跟同龄人一起相互学习。

我们也建立了专门针对学习成绩较好的学生的组织，让教师能够调整教学方法，针对学习成绩更好的孩子提出因人而异的学习方式。鼓励学生去发掘他们自己的潜力，比如，未来想上什么样的高等院校等。有些学生在学习方面遇到一些困难，我们也去帮助他们，基本上这些做法都是为了给所有的学生创造平等的学习环境。

在丹麦，有一位教育思想家指出，"如果你去学习你喜欢的，也是感兴趣的领域，你是永远不会忘记的"，这句话在教育方面更是如此。很多学生如果感觉对某一个领域学习很厌倦，这将显著影响他的成绩。我们要建立起这样一种所有学生及教师都能够参与进来的行动框架，采取对话方式，在这个过程中，让学生能够学习，并且有动力去学习。

从管理层的角度，我们特别强调对话的功能和作用，强调学校和学生之间的交流、沟通。我们认为真正的对话能够让学生真正学到知识，通过对话他们学习到知识。

我们也特别关注学生的心声，学生对学校，如学校的经费支出方面也是有话语权的，也能够给学校的校董提出一些意见。在我们学校，学生会经常给我们校董提出建议或者提出一些问题，我们收到这些问题或建议的时候，会思考如何实现这些目标。学生非常担心他们所在的环境，会给我们提出建议说应该把学校所有的垃圾进行分类及循环回收，像这种建议我们学校管理层也会接受，然后做出相应的改变。在我们学校，我认为最好的方法是让学生成为学校的决策者，让他们来决定去做什么，不去做什么。

除此之外，说到全球的目标，五年前我们十年级的学生开始参与到非洲的学校工作中，去年以来，我们已经有10个学生去非洲交流学习，在节假日的时候学生也可以去非洲的学校参加一些活动，而且帮他们建学校。他们还帮助教学生，甚至教教师，所有的家具都是他们提供的，学生会把这些桌子、椅子拼装到一起放到集装箱里运到非洲去，给当地学校提供必要的教学物资。这是我们非常关注的一个领域，就是关注教师的学业能力，关注教师与学生之间的关系，注重多元化的学习和教育方式、与每一位学生相处的时间、对学生的影响。

每一位学生在课堂中都应该被倾听、被尊重，而且他们要有足够的时间与教师相处，这样才能确保这位教师的工作做到位了。最终，我们帮助学生获得更好的学业成绩，更好地成为领导，确保所有学生都有一些成功经验，帮助他们找到他们擅长的领域，引导他们去实践，教他们怎么做，给他们一些相关的参考和示范，告诉学生如何运用专业的材料解决生活中的问题。给予他们足够的选择，给他们不同的选择去完成不同的任务，用不同的材料完成不同的任务，而且建立起师生之间的信任，建立起学生之间的信任，让他们有一种归属感。

森林之门学校的学生领导力

西蒙·艾略特[*]

当一脚踩到一个洞里,你会失去平衡。对于学生而言,有的时候一脚踩到洞里需要拉一把,教师就是拉一把的这个人。2011年,我担任一所学校的校长,那个学校是一个城中心的学校,人口密集,有几位学生在那几年遭到了枪杀,那个地方确实很混乱。当我接手那个学校的时候,我决心要改变那种状况,当时,很多人告诉我那是不可能的,因为这所社区学校是一个非常糟糕的学校,学生素质也不好,所在街区也是臭名昭著。

但是我去了那里,做了一些改变和调整,做了很多创新的举措。接下来与大家分享我在那个学校做了一些怎样的计划调整来改变它,当时我们的目标就是能够让学生自己实现进步,自己管

---

[*] 西蒙·艾略特(Simon Elliott),英国森林之门学校校长。

理自己的学习进度，让他们在学习的进度上看到自己每天的变化和进展。

作为一个学校，我们的领导者自己就要以身作则，这样学生才能够去遵循，所以，我们第一步就是调整优化领导者和教学教师，让他们做榜样，以身作则来引导学生。如果要让他们遵循我们的步调，我们要自身做到优秀，所以，FGCS并不是给教师学生，而是给领导培训，我们做了很多这种培训，让他们有时间管理意识，让他们养成好的习惯，让他们变得谦虚，让他们追求创新，让他们创造一个积极、良性互动的学习氛围，让他们注意及时性，而且让他们能够杜绝不良习惯。

所以，这意味着教师要先做出改变，后来我们还做了两件事情，也是借鉴了他人的经验，第一件就是不干预学生的价值观。尽管我们作为领导者创造了好的环境，但是我们要让学生自己去经历、去体验、去尝试，而不是让他们去遵循我们的言传身教。所以，我们有一句话叫作"饭不是说出来的，饭是煮出来的"，实践出真知。

行动才是关键，所以，我们希望学生能够积极学习、主动学习，我们创造了一个互动性的平台，这个平台就叫作学习进度报告平台。这个平台告诉他们在学习的过程中要学习哪些内容，然后我把他们的学习进度写下并展示在上面，以及他们所取得的成果。然后教这些学生如何访问这些平台，他们可以下载资源，上传他们的作业，而且如果他们提出了一个话题，则需要提供足够的证据去支撑他的观点。

我们教学生访问这些平台，他们会看到这些显示出来的内容，这就是一个索引，他们的目标会显示在上面。我们可以引导他们自己去上网搜索资料学习，我们要授人以渔，而不是填鸭式的教育。

接下来学生经历了怎样的一些变化呢？我们有非常好的分析工具，我们知道哪个教师访问了哪个材料，哪个学生访问了哪个文件，他上传了什么，哪个教师正在为学生提供语音的反馈。所有这些数据都能够在我们的平台上得到记录和反馈。我们鼓励学生去社区中做一些相关的工作，他们会担任一些领导性的工作来引领一些社区的项目。然后给他们一些回报，他们可以获得"金""银""铜"，根据他们的贡献率以及项目的成功与否获得奖励，通过激励鼓励他们更多地去参与。

我们的确认为有些学生可能看上去好像不怎么专心学习，但是我们相信他们背后有很大的潜力等待我们发掘。我们与很多学校一样，有学生领导者参与更多的项目，我们帮助他们形成领导力的方法之一就是参与学校组织的一些活动。如他们会组织一些慈善活动，还有一些如学生领导力大会等。大会会邀请来自公司的领导，来自伦敦市政府或者来自整个商业界的人士参与，他们向学生分享做领导应该具备的经验、素质等。

我们鼓励学生去做这些正确的事情和好的事情，然后对他们做的好事给予相应的奖励。我们认为不同的学生，需求也是不一样的。我们提供不同的机会，学生也就能够练习到他不同方面的一些技能。

我们重视言传身教，让学生从行为和日常的举动中学习。除此之外，学生的升学压力也非常大，在这方面教职员工就必须要做更多的努力。如果一个学生遇到一些学习问题，成绩不是很好，我希望学校里有某位教师或者某个人给他指导，让他能够学习，并且成绩跟上来，这就是刚刚说的主要任务，通过这种方式让他从不同的角度去学习。

我们学校在一开始情况都不是很好，大概只有40%的学生能升到高等学校，但现在这个比例能达到80%，我认为其中一个关键点是什么呢？我的很多学生可能都没有去过伦敦的市中心，他们自己也不想去，为什么呢？因为他们不想走出自己社区所在的地方。我做的事情是让那些孩子出去，让他们学习到一些相应的技能、知识，以及考取证书，能够让他们走出家庭所在的地方，去往更大的地方。但是在这个过程中如果我的教职员工不帮助我去帮助、培养学生；如果学生自己不主动学习主动参与，也是做不到的。

通过权力移交为学生赋能

克里斯汀·普瑞特*

现在很多东西会随着时代的变化而变化,我们作为教师,要让学生做好准备。在培养学生领导力的过程中,要让他们形成很好的人际交往能力。为了保证学生能够有很多非常有意义的教学机会,要让学生参与到整个学习生活和教育生活中。所以,如何让学生主导自己的学习,最终从这种自我主导学习中形成其领导力,这是一个需要思考的问题。

我们认为,当学生能够自己去思考、去展示自己领导力的时候,学生的学习成绩也就会很好。我们的教师设计了相应的教学方法和目标,这个模式有三种形式,或称为三阶段设计。一是让学生能够理解这些概念,二是能够把他们学习到的东西转移到其

---

* 克里斯汀·普瑞特(Christine Pruitt),美国马萨诸塞州伊斯顿学区副学监。

他方面。首先，第一阶段要做什么，我想实现什么样的结果，为了这个目的和结果，我们把目标列出来，确定哪些是我们应该重点去关注的课程，哪些技能和知识是要关注的，这个是我们在第一阶段要做的事情。

我们也会在这个阶段列出很多问题，找出这些问题的答案。在这个过程中，我们也把州的所有教育目标的标准涵盖在里面，每一个年级的学生所学的知识是不一样的，有些目标可以跨年级或者跨年龄，但是有些要针对具体的年龄。可转移目标更多强调可以理解的知识以及可以转移的一些技巧和技能，如果学生遇到课堂外的一些新的挑战，他可以把这些技能应用上去解决新的挑战，这就是可转移技能和目标，这种可转移就是一种独立性的能力。你在完全理解知识之后，在遇到具体情况的时候，才知道什么应该去做，什么不应该去做，而不需要别人告诉你。

第二阶段是学生的学习任务，学习任务包括学生应当理解哪些知识，学生学习的效果通过什么标准去判断。还有除了学习任务之外，其他的一些表现，体现出来学生能够学得比较好，帮助学生进行自我学习，并且对自我学习进行反思。

第三阶段，我们寻找哪些课程能够帮助我们实现这种教学的目标，如何做规划帮助学生把他们学到的东西转移到其他场景中。学习的课堂单元及其排序，让所有学习的学生不管什么水平都能够适应这种情况。

第一阶段和第二阶段的目标没有办法去调整，第三阶段有很多灵活性在里面，我们学校教的课程是不一样的课程。在做规划的时候，教师要看哪一个领域是必须要教给学生的。举一个例子，二年级的教师不仅要教阅读课，还要教写作课、数学课，还有社会学课、科学课以及健康课。即便教师能教六个领域，但是每个教师都集中在三个领域。举例子而言，有个教师可能选了数学课，他就在二年级教数学，但是另外一个二年级的学生可能在科学组，他会和他的二年级其他教师一起来就数学课程设置、教学计划去做。通过这样对教职员工进行相应的一个分组，他们各自就能够相应地在自己所选的学科领域做更多的工作。

这种学科的分组以及排序非常重要，但更重要的是给学生赋能，让他们把学到的东西转移到其他地方去。教师成为学生去学习如何教学，学生成为自己的教师、对自己的学习负责，这样学生的学习就会最大化。我们希望所有的学生能够成为一个独立的学习者，能够自己对自己的学习生活负责，这样形成一种习惯之后，也就意味着掌握了一种非常重要的软技能，它可以转移到以后的一些学习和生活中。

什么是软技能呢？在现在的工作或者劳动力大军中你会看到软技能非常重要，它包括四个方面：第一个是创造性，第二个是说服力，第三个是合作力，第四个是高度的适应能力。这种软技能其实你很难在学校传授，更多是学生或者每个人自己慢慢培养出来的习惯，它跟个人的性格、特点都有关系。

这些软技能对一个人，以及对人是否具有领导力方面具有非常关键的作用。很多人力资源的招聘经理和雇主非常看重申请工作的候选人的软技能，为什么呢？因为软技能是可转移的，不管他做什么样的工作，他都能用软技能把工作做好。在学校里面，我们有一些相应的硬技能的教授课程，但是软技能你没有办法把它去量化，真正地教授。我们更多希望学生能够在自己的学习过程中，通过教师的启发，自己建立这种软技能，学生能够用软技能在工作中做很多东西，都能实现，而且会让他很有信心。软技能以及可转移的目标是什么？设置可转移的目标，然后打下一个基础，来实现这种可转移目标。

很多软技能和目标已经在我们学校推行，重要的是让学生能够打下软技能的基础，我认为基础很重要，有了基础之后无论未来做什么样的规划，这种软技能和软技能的基础都能帮助他掌握学习。建立可转移目标的基础很重要，这些基础是什么呢？第一，每个学生都能够展现出他的性格，即他能够建立非常积极的人际关系，能够做正确和负责任的选择，在社会上，在情感、身体和智力上做正确的选择；第二，有意志力，能相应地承担风险；第三，具有交流技能和合作技能，能够非常清楚地表达自己的观点，并能通过不同的方式去表达，与人合作的过程中非常负责。第四，永远具有好奇心；第五，参与更多的社会事务，尊重他人，具有同理心，对于本地和全球的社区而言都具有公平和社会责任感；第六，有批判性思维并且具有创新性。这六个目标就是我们可转移目标的基础，我们认为这六个目标非常关键，是未来领导者都应当具备的关键的六项能力和因素。

在 2018 年到 2019 年学年度的时候，我们把这些目标在教师和教职员工中全部推展开来，鼓励教师们之间去分享，去实现这些目标，这样也会影响到学生。我们认为，这些可转移技能目标是我们学校的指南针，让我们每个教职员工，不管是幼儿园的教师还是十二年级的教师，都能按照这个目标去努力。这些目标与课程的制定者的联系也是非常紧密的，不仅仅对于教育者，对于父母而言这些目标也是非常重要的。

我们的教师会在整个下午与不同年级的学生去讨论，他们目前面临哪些挑战，距离实现这些目标还有多少距离。我们的目标一直贯彻在所有工作中，我们的教师也会监督学生的目标执行。在三年级的时候，教师会要求学生做一个报告，报告他们目标完成的进度，他和不同年级的学生参与到目标中的时间。

刚刚我们谈到了很多目标，这些目标长期以来没有在传统教学理念中得到重视，我希望教师在未来教学和学校的教学系统设计中，能够把软技能融入到每一个单元之中。为了把这些目标融入到教学任务中，要改变教师教学的角色，教师在未来不仅仅是站在台上滔滔不绝地讲，教师的角色更多的是一个促进者，他们有责任了解所有的学生，了解学生擅长的和不擅长的。他们不仅仅是教学生，而是帮助学生解决问题。这些目标、概念就是鼓励学生，就是让学生去实践，然后验证他们是否具备这些品质。

为了让学生做好准备，我们要重新审视我们所做的工作，就是让他们参与到这些品格的塑造中，让他们真真正正具备领导力。当学生知道什么是学习，什么值得学习，并养成这些好的品质和习惯的时候，他们离成功就不远了，他们就走向了正确的道路。当然，父母也扮演着非常重要的角色，我们给了他们足够的工具、资源和引导，他们就能够帮助学生探寻未来价值。

对话：培养学生领导力

刘峰（主持人）：

女士们，先生们，大家上午好，"有朋自远方来，不亦乐乎"，欢迎来到全球基础教育联盟第五届年会"学生领导力培养"专题研讨会。全球基础教育联盟自2014年创办以来，已经走过了五个春秋，每年一次的年会都会围绕不同的主题，从不同的国家，不同学校的角度，研究基础教育领域共同关心的话题，为培养适应未来社会的人进行积极探讨。今年恰逢石外集团建校25周年，可谓是双喜临门。本届大会的主题是"学习领导力的培养"。

众所周知，领导力是当代许多国家尤其是发达国家教育领域最为关注的素质之一，也是中国21世纪学生核心素养的重要部分，在人才培养方面，学生领导力已经成为基础教育中重要的学生发展指标之一。今天的研讨，首先从世界名校招生官对学生领导力的理解开始。请在场的嘉宾，先就对"学生领导力"的理解进行交流，最好能用一到两句简洁的语言，概括回答"什么是领导力,为什么培养领导力如此重要"。

一、关于"学生领导力"的理解

伊莎贝斯·奥斯丁:

早上好!非常高兴来到这里,和大家一起探讨学生领导力以及我们怎么去培养领导力。我认为就丹麦的经验而言,领导力是实现学生独立性、个性化的重要途径,通过教育手段,让学生为自己的人生负责,帮助学生实现高质量的生活。所以,学生的领导力首先是对他们个人的提高,是个人的素质发展,当然对整个国家乃至全球国民也是有助益的。

露丝·艾伦:

我认为,领导力是激励他人,实现他人潜能。从个人层面,从教育的层面或者在工作的层面,领导力会激励他们服务政府、国家,能够应对各种可能性的情景,因为领导力能激励他人,尽己所能。

迈克尔·鲁博菲尔德:

我认为领导力是基于实践和价值观的,其结果是对外的,服务他人,服务公共的福祉。

特雷西·寇特:

早上好!我是一名校长,我来自马萨诸塞州。在我的学区,我们也有自己的学生领导力的目标,我们通过课程的方式来教授他们,从幼儿园开始,可以说是非常早期的领导力培养了,我们帮他们建立专门的课程设计,他们也可以参与到设计过程中来,有理科、工科、数学等不同的学科，从不同年龄阶段培养他们的领导力，让他们走出思维的框框，进行小组讨论。我们相信，这些课程应该从小开始，未来成为全球公民的时候真正应用这些技能。

伦道夫·特斯塔：

早上好，我来自哈佛教育学院，我认为一个人的领导力是指他有能力站在他人的角度思考问题，有同理心。

西德鲁·莫罗：

早上好！我来自西雅图附近的公立学校，我们学校有自己的愿景和承诺，每个学生都能满足自己的需求、发挥自己的优势。学校一直在履行这个承诺，学生领导力不仅能够指向个人发挥领导作用，同时，其个人目标，即他们自己的选择路径也能发挥作用，这比以往时代都更加重要。

今天的世界和以往不同，学生必须要把解决问题放在前面，培养学生的领导力，就是希望解决问题。

符传丰：

大家上午好！我来自新加坡。我认为领导力就是领导，不是一个职位，更不是一个权力，而是21世纪的真正的领导者，他必须能够改变这个世界，因为地球村越来越小。我认为作为领导，第一他必须先要懂得关怀，关怀自己，关怀身边的人，关怀这个世界；第二他必须要有一颗服务的心，真正为这个社会，为朋友们做一些事情，才能够成为真正的领导者。因此为人比为学重要，所以，我个人认为品德教育在21世纪领导培养中很重要、很关键。

马克·卡尔：

大家好，我非常同意上一位发言人的表达，我们是生活在领导力关系中的，领导力能够显示出足够有自信走出舒适区，尝试新鲜事物，尤其是在建立关系方面。

雅娜·波普科娃：

一个人要理解他的行动，他每一次行动对他人生产生的影响，这预示着作为有领导力的人，要知道在世界层面采取什么样的行动，这就是教育的意义。在我的学校，我们有一个理念，那就是问询、反思。问询是第一步，就是你要有能力问对的问题，之后我们会花时间来不断反思，而且是对外的反思。了解他有什么样的声音，让我们帮助理解全世界的价值观和思想，我们能够更好地去了解，如何发声，如何表达自己的观点，如何让全世界和身边的听众听到我们的声音。

钟梁珏然：

大家好！我是一个学区的总监，我的责任是帮助移民学生，我看到移民学生面临的前途问题，我们有一个共同的理想，用爱心去奉献。但是一个领导，要"修身齐家治国平天下"，在今天的时代，我们要站起来，要互相帮助，希望每一个国家，每一个人都可以"修身齐家治国平天下"。

阮铭武：

大家好，我是来自石外高中部的教师，很高兴能跟大家一起探讨学生领导力的话题。我们认为学生领导力首先指的是学生自我领导，自主发展的能力，主要包括自我设计，自我完善，自我评价，自我学习，自律、自制，其次也指影响他人的能力。

近年来，在培养学生领导力的方面我们也做了探索和尝试，比如，我们在课堂教学方面主张学生自主学习，体现学生的主体地位；在社会实践方面，我们通过阳光小讲台、世界粮食奖等活动来培养学生的自主学习与他人合作的能力；在日常管理方面，我们让学生自我管理，学生参与了规章制度的制定、实施和监督，这就是我对学生领导力简单的认识。谢谢！

吴晓：

各位专家大家好，我是来自小学部的一名教师，刚才各位专家对领导力的解读让我们非常受启发，因为我们惊喜地发现石外集团提出并一直践行的"十二字"培养目标与大家对领导力的见解不谋而合，我们的培养目标是"爱国、交际、协作、文明、健康、创新"。石外集团一直致力于培养孩子成为集爱国情感、交际能力、协作意识、文明素养、健康身心、创新精神于一身的人。我认为这与各位专家的理解非常吻合。具有爱国情感的人，才会有全局意识和责任担当，才会拥有分享和奉献，懂得交际和协作，才会有服务大众的情怀。在石外集团我们坚持永远不要低估学生能力的理念，给每个孩子创建展示的平台，让他们能够人人有事做，事事有人做，使每个孩子都能成为领导者，具有责任意识、服务意识。

在小学就有这样一支学生团队，他们通过自我挑战、自我推荐，最终成为领导团队中的一员来影响和带动他人，我们关注的是将孩子的"要我做"转变为"我要做",充分调动孩子的内驱力,将话语权、建议权、决定权交到每个孩子手里,让他们能够成为最好的自己。接下来我们也会继续研究努力让每个孩子成为具有领导力的人,谢谢大家!

主持人:

虽然我们来自不同的国家,国情和学情不同,但是从大家的发言中可以看出来我们要培养的是全面发展更加立体的学生,能够站在他人的角度考虑问题;培养的是那些主动关怀别人,可以聪明地与别人进行交谈;培养的是始终愿意走在队伍最前面,不断自我成长、自我完善,并能够鼓励和带领他人一同走完道路的学生,我想这就是我们所说的学生领导力。而培养学生这种领导力的重担无疑就落在了我们每个教育从业者的身上。

我们进入下一个话题,大家思考一下,在基础教育领域应该如何培养学生的领导力呢?

二、如何培养学生的领导力

付玉梅:

我们学校一直致力于学生领导力的培养,不同年龄的孩子的领导力培养肯定是不一样的。在低学段的时候,我们强调孩子对自己的领导,如刚才新加坡的符传丰校长说的那样,我们也认为在低年级就要从小培养学生奉献他人,所以,在低学段,我们在班级设置一些岗位,让他们发挥自己的优势,选择岗位,服务他人,在服务他人的过程中收获快乐,随着年龄增长,我们逐步增长他们领导别人的能力。比如我们学校每年都有读书节，高年级学生就会与低年级的学生一起去卖书，摆地摊。我们学校还有小讲台，他们选择自己演讲的题目，设计门票，组织场地，这样一条龙下来，学生在完成这个任务的过程中就展现了责任感和领导力。

我有一个困惑，针对6岁到12岁的小学生，更应侧重培养哪方面的领导能力呢？

特雷西·寇特：

我非常认同你的想法，我们以项目的方式，帮助学生暴露在不同的环境中，进而提高他们的领导力。为了设计一个好的项目，学生首先会自然而然地发展最本能的领导才华。作为教师就要给他们提供各种各样的活动，通过活动他们可以去合作，可以去进行辩证性思维；通过这些很自然的方式，他们在小组中掌握了一些具体的能力，在协作的过程中学生会有不同的角色扮演；我们会给学生提供一些小的挑战，包括一些具体工作的挑战，像设计一本书，或者是如何在书中找到更合适的动物设计；这样的小挑战，一个小学生完成不了，五六岁的孩子肯定要一块儿设计，这是最初级的项目，后期还有更多的项目。

通过这些项目执行，我们让学生慢慢掌握自己的学习；通过课外项目，让他们能够在课堂中获得这样的技能，他们甚至可以设计课堂展示。此外，我们还要求学生做演讲，他们可以跟更多的学生分享他们获得的技能，这在很小的时候就能帮助学生实现目标，而不是教师来教，培养他们来做领导的能力。慢慢地，这种设计过程会日益复杂，比方说我们鼓励学生设计风能发动机去更好地造福于自然，这是高中的项目了。

安闯：

各位专家大家好，我是来自七年级的教师，七年级是小学生转为初中生的起始年。我们学校在七年级的时候会开展一系列的活动，有读书节、健康节、科技节、合唱节，还有外语艺术节，我们提倡多读书、读好书，而且我们倡导把好的书拿出来跟所有的同学一块儿进行分享。在外语艺术节中，学生会自主策划一些活动，展示彼此的英语才艺。每年，学校各个班级会开展"我爱石家庄"大型社会实践活动，全体学生会关注社会民生、参与社会实践、解决社会问题，学生以责任感和使命感参与这项活动。这个活动从启动到定主题，进行实地调查和实践，到最终总结成果，要历时六个月，在这六个月中去培养学生实践能力和社会的责任担当。

我想问尊敬的美国露丝校长和各位学校校长，在您的学校，在中学阶段，都是通过怎样的校外活动去培养学生领导力的呢？您认为哪些校园活动培养学生领导力是最有效的，具体是怎样实施的呢？当然如果其他学校也愿意给我们提供建议分享也特别感谢。谢谢大家！

露丝·艾伦：

我们学校在华盛顿外的一个小区，学生来自19个国家。你刚才问了一个很好的问题，对于我们学校而言，我们非常看重让学生有不同的路径来获得他们的高中学历，他们的中学阶段可能是让他们能够有更多精力去做重要的事情，他们需要有不同的课外活动，我们不仅看他们在课堂上学了什么，也看他们在课堂外学到了什么，这是为什么我们会开展国际旅行，让学生走出美国去学习不同语言来进行交换的真正原因。

我们现在也和亚马逊合作，让学生在里面学习更多计算机的课程，在亚力山区这种技术人才很稀缺，学生毕业之后，他们就能为未来的计算机职业做一定的准备，让他们有不同的职业路径选择。我认为不同路径是我们的特性，我想要确保学生是有自信的，学生也非常喜欢，能够坚持下来这些课程，完成他们的高中学业，这就是我们学区所做的事情。

迈克尔·鲁博菲尔德：

我叫迈克尔，是学校八年级的负责人，非常高兴能够参加这个会议，见到了世界各地的同行，感谢这个机会。刚才问了一个非常好的问题，我也听到了很多杰出答案，我认为在我们学校，七年级会选择很多社会和情感技能，也就是精神层面的培养，培养每个孩子的个体精神，我们会培养他们怎么去交朋友，怎么成为一个良好公民，能够做个人管理和团队管理。我们也非常看重他们的回应，我们想要了解他们的需求是什么，他们的家庭背景是什么样的，他们背后有什么样的驱动力，他们能够有什么样的资源成为领导者，他们又怎样能够对别人负起责任。在这个过程中我们指导他们培育他们，这是必要的，我想培育的是全能的个人，从心灵到思维层面，他们能够有所需的所有的技能，能够成为一个非常好的精神健全的个人。

丹·维特：

早上好，我来自加拿大滑铁卢。我们代表我们集团下面的50多个学区，今天我的同事分享了很多，我非常认同他们的观点，但是我们一定要认识到一些最必要、最关键的特征，比如，独立思维和领导力。刚才大家谈到了很多概念，如课程，可能每一所学校都有自己的专业领域，采用的教育方法也不一样，在他们的小学，或者是在中学，他们可能会教授14种不同的课程，但是他们是以不同的方式教授的，而且每个教师的方法也不一样。这是第一点。

第二点特征，在很多情况下，不管是什么课程很重要的是你要从问题开始，也就是我们所说的问询模式，提出问题是第一步。除了这种综合性的方法，还有一点我想强调的特征是合作，在各个阶段的学生，我们都非常强调他们独立学习的能力，但是我们也要强调他们团队合作的能力，团队解决问题的能力，这是我认为领导力技能的重要特征。他们每个人都要在团队中发挥作用。另外一点就是评估学生，评估是很重要的，评估也是一种学习的技能。学生可能会表现不好，这时候他就会问我为什么表现不好呢？要能说出来原因，让他们去接受自己的失败。

特雷西·寇特：

我来自美国东部公立学校，我同意刚才我的同事所说的内容。我们把所有的项目都结合在一起，把所有的教学内容也都结合在一起，来共同实现领导力的目标，我们把它叫作转移目标。转移目标从幼儿园一直到最后的基础教育结束，贯穿整个阶段，它是一种全面的课程学习，我们希望学生有灵活性，有合作精神、沟通能力，有好奇心，能够立足本土，放眼全球，能够有创造力，我们也会要求我们的教师把这些技能纳入到所教授的每一门课程中，不管他是哪个领域的，如果学生具备了这些技能，就会成为真正的世界领导。

孙军国：

大家好！我是一名初中的语文教师，做过十几年的班主任。我非常认同丹麦专家提出的领导力需要帮助实现独立性，帮助高质量的生活，我也非常认同新加坡的专家提出的领导力需要有关怀的意识，需要有服务的意识。刚才的专家分享中，领导力的培养需要有问询模式、合作方式和评估方式，给了我很多启发，我想从教学的角度向各位专家请教学生领导力的培养问题。

我在日常教学过程中，一直在推行学校大力倡导的四环节课堂教学模式，对于一些有价值的问题，我会组织小组来谈论，由小组长负责组织，之后由学生代表轮流发言展示。每天早晨，我会让科代表带领同学朗读，我一直在试图用以上方式一边传授知识，一边培养学生领导力。但是，仍感觉这些做法还远远不够，所以，我想请教各位专家，怎样才能将培养学生领导力与日常教学有机结合，或者说在课堂上该如何更好地培养我们的领导力，这个问题我希望丹麦的专家和新加坡的专家，以及邻国俄罗斯的专家给予分享。

伊萨贝斯·奥斯汀：

谢谢您的问题。您的问题是怎么在课堂上培养学生的领导力。在丹麦，我们比较关注的也是我认为需要加大强调的一点就是信任，你要给我们年轻孩子显示出信任，我认为你需要提供一定的空间给他们，让他们感到自由，可以自由尝试做实验。有的时候，大家可能会面临一种疾病，内心的疾病，在课程中给学生提出很多要求，给他们限定时间，我认为一定程度上要信任他们，给他们空间，当他们有这种实验空间的时候，他们其实能从实物中学习，而并不是每一分钟绞尽脑汁地想做一个成年人。

就某种程度上我认为就是放手，放弃你的控制，这是我所希望的，也是我们在丹麦努力去实现的。但是有的时候并不成功，因为我们太爱控制学生了，但是我认为要减少控制，毕竟他们是年轻人，让他们选择自己的道路，这是我的回答，谢谢！

道格·斯蒂尔韦：

不久之前，我的同事提到了培训领导力这个词，而我的问题是谁去培训培训师呢？从事领导力教学，我们怎么知道如果我们不是好的领导者，我们怎么去教别人，尤其是刚才您谈到了社会和情感教育，我认为可能您有 26 个这样的项目是解决社会学习问题的。你猜一下，这些项目中如果你问教师，你自己的社会技能和情感技能怎么样，他们会怎么回答？他们也许能够满足六个项目的要求，也许甚至更少，我们认为你一定要培训培训者。我的问题是谁在培训我们的教师？我认为这比任何单一的课程、任何一本教材都重要，我们的孩子希望看到什么都会的我们，他们想知道到底我们这些教师是什么样的领导者。

符传丰：

培养学生的领导力是谁的责任，过去我们很少谈这个问题，我过去做校长，我分享我的一些看法。首先，这个责任是领导层的，是校长、副校长和主任们的，我们对"学生领导力很重要"需要达成共识，怎样从小灌输正确的价值观，如关怀别人、坚韧不拔的精神，这些都是价值观。我们领导层要有这样的共识。第二个层次就是教师，我个人认为每一个班主任都必须具备这样的能力，提供机会给学生培养信心、提供机会给他们能够领导别人。

我非常同意刚才教师说的，很多时候我们成人很喜欢干涉学生，很怕他们失败，于是我们都以为我们是专家，其实为学生提供机会是非常难得的。举一个例子，作为校长，我的演讲稿是学生替我写的，我就提供了这样的机会。学生的颁奖礼，我让学生上台讲某一个部分，所有的学生看到了学校是有意识想培养他们的，所以，他们也会主动提升自我的能力。当然，因新加坡国家很小，我们在办学的时候，不单单是靠学校校长、教师的能力，我们也借助校友会、家长会提供很多机会，让学生尤其是高年级的学生，能够到外面的社团去组织一些工作，整个规划都由学生来做，而不是教师规划了让学生去执行。

约瑟夫·贝塔：

各位早上好，我叫贝塔。我是北麻省北岸学区的学监，我想补充几点刚刚大家所说的培养学生领导力的内容，我认为其实我们课堂中最好的学生会成为领导，这是第一点。第二点，还有一些不是最好的学生也有可能成为领导,大家可能也有这样的体验,可能我不是最好的学生,但是今天我自己是成了学监,之前我上学的时候成绩并不太好,所以这就把责任推到了教师,你怎么去赋权学生,怎样看到那些学生的不同点,可能他们的成就和他们之前的学习成绩并不挂钩,他们可能会成为商界领导,可能会成为学校领导,都有这样的可能。

我再补充一点,我们也需要为所有的学生提供一个良好的平台,他们把教师看作是一个合作者,是一个共谋者,因为教师相对而言教学经验丰富,能够掌管全局,真正需要去喜欢你的学生,和他们一块儿学习,从头开始。谢谢!

丹·维特:

大家好,我来自加拿大滑铁卢学区,我补充一下我同事的说法,大家的问题就是关于设计学校课程的,我认为还是要回到课堂上来说。我认为学生都是天生的领导者,在不同的时间段、不同的地点、不同的环境、不同的主题下他们都是领导,我想合作始终是基础,因为在合作基础上可以更好展示他们的共鸣意识,他们的创新能力,为社区带来贡献。现在是一个全球化的世界了,我们相信在课堂中所展现的能力有朝一日是可以用到日常生活中的,我非常强调学生彼此之间的合作,和教师之间的教学相长,这也是我们真正实现领导力的方法,这是我们在学区的做法。

格雷戈里·哈钦斯:

我叫格雷戈里·哈钦斯,在威斯康辛州附近,我想补充一下各位专家的意见。我认为教师的责任就是要去明确学习目的,设立一个学习目标,怎么样去实现这个目标,教师的作用就是提高学生的整体能力去实现这个学习目标,每个学生都是不一样的,教师最重要的责任就是建立好学生之间的关系,让学生自己清楚他们的选择,在学校内和学校外要完成什么任务,同时,我相信要尊重学生的意愿。

领导力是属于学生的,如果他没有实现的能力,没有选择的方法,没有真正去执行的机会,他又怎么会有领导力呢?我认为教师是应该隐居后台的,让学生自己站出来,其实,我之前还阅读了一些数据,80%的百亿富翁都是没有大学文凭的,我不是说大家不要上大学的,我这么说只是因为很多情况下最好的全球领导不是从传统教育中出来的,这也是我们要意识到的一点。

李少峰:

尊敬的各位来宾你们好,刚刚大家提到了一个词,叫班主任。我就是一名班主任,在我们的班级管理中,我们是让每一个同学都成人成才,以学生为本,促进学生全面发展。在班级管理中我们也会采取各种方式,比如,班级的具体事务、班会的组织、联盟会的筹划等,举办这些活动让学生参与,去感悟,去成长。我们也确实深知作为一名教师,作为一名班主任责任重大。我想问的是,作为班主任来讲,我们有哪些方式,哪些途径来提升自己能够成为一个合格的领导者,领导者中的领导者。谢谢!

我们在中国,班容量大一些,所以,班主任不光承担教学任务,还负责学生除了学习以外各种能力的培养。其实,我想问一下咱们来宾，在咱们的学区学校里边有没有这样的工作？这样的岗位？类似于导师一样的。作为一个班级的管理者、最终的培养者，可以通过哪些方式、途径提升自己，同时能够全方面提升学生。谢谢！

丹·维特：

我来回答一下，寻找领导素质我们一般看的是解决问题的能力、批判思维的精神，以及他们的创造力、合作力、公民精神以及自我学习能力。其实，这些也恰巧是希望我们的教师有的一些素质，他能够有一些以研究为基础的策略，和其他教师合作在课堂上能够随时制订一定的策略和方法，成为一个团队领导，当他和学生交流的时候，这些是非常重要的。所以，这种自我纠正性的学习素质是非常重要的，他能从自己所制作的课程设计方法和策略中学到很多，自己提升很多，然后分享自己的所学经验，同时这种合作精神也很重要。

外宾：

我可以提供的一点经验就是这些教师应该怎么办，有的时候这些领导者不喜欢管理这个词，但是在我们的课堂上的这些领导者，他们的角色就是帮助我们和学生更好地去学习、更好地管理学习过程，所以，管理这个词是要用的。我个人有一些经验，我感觉到有的时候学生不是很清楚我们的教学目标是什么，我们就让学生去评估他们的学习表现，相比较他们的学习目标来做一个评估。

同样的，教师也要有自己的教学计划来实现教学目标，这样学生就主导自己学习的管理体系，教师在这个管理体系中也发挥了作用。毕竟我们的角色很快在世界范围内就要变了，我们不再是转移知识了，而是促进学生、鼓励学生的角色了，我们要确保给学生足够的舒适范围，和他人合作，而且我们也要教学生怎么主动管理自己的学习过程。

甚至在学前我就看到一个四岁的小孩儿自己能够管理自己的学习，可是有的时候高中生还很难这样做。教师作为课堂这个系统的管理者，可以激励学生自己引导自己的学习，给他们提供一个平台，哪怕是四岁的孩子我们都可以想象，有了现在的技能当他们长到了18岁的时候会成长为多么伟大的公民。

其实，我们有很多内容可以选择，可是你要真正关注的教学内容是你的学生需要什么样的技能，在课堂上的时候你可以管理到每一个学生，这是大家经常做的事情。我听到之前嘉宾也提到激励学生，但是激励还不够，我们还要提供给他们一定的策略方法，来更好地管理这个激励过程。那就是教育学生在自己的学习系统内怎么成为很好的管理者。

杨书慧：

各位专家、各位教师大家好！特别高兴今天可以和大家一同探讨领导力，使我对领导力有更进一步的认识，尤其是刚才丹麦专家讲的，领导力是对于个人方面的影响。其次是你对于周围以及世界的影响，还有西雅图专家讲到的，领导力是成就自己，同时也是服务他人，我特别认同。

刚才我们探讨更多的是来自课堂、学校这一方面领导力的一些问题，除此之外我们学校还在家庭方面也进行了一些探索，比如，在节假日的时候我们会推出家庭事务承担这样的活动，我们对于孩子初中阶段的培养，也是在希望他们在打好基础的时候全面发展提升综合实力，七、八、九年级我们会从习惯培养、文化素养积淀、综合素质提高等方面培养学生领导力。如在刚刚过去的中国国庆日，我们也给学生布置了一些任务，在国庆70周年庆典的时候我们会鼓励学生提前查找一些国家历史方面的资料，通过这个让学生来丰富自己对国家的了解。其次也会让学生自己组织一些活动，比方说带领全家做一些事情庆祝国家的70周年庆典，组织全家人一块儿现场观看，或者参与其他爱国活动，通过这些提升民族的自豪感，培养学生的家国情怀，我认为这也是在提升学生对于国家的责任感。

在这个过程中，我们感觉因为学生能力不同，所以，在组织过程中，其实有的时候没有达到我们预期的效果。我的女儿在加拿大上学，我对加拿大的教育一直特别感兴趣，我想问一下加拿大的校长，在你们的学校，在家庭的层面会不会也有类似活动呢？如果有的话，是否和我们一样让学生自己去做呢？

丹·维特：

家庭确实是重要的部分，我们发现家长、学生和教师是教育路径的三大支柱，所以让家长参与进来，让他们随时掌握信息，学生的进展是非常重要的，我们也希望他们在学生整个学习生涯中起到支撑作用。至于具体的家庭活动，我们竭尽所能找到一切的机会邀请家长和我们的校区建立联系，我们希望和家长建立开放式的关系，让他们更多地有参与感，参与到我们的学校活动中来。我个人曾经做了很多年的高中校长，我意识到高中阶段，学生面临的主要障碍就是感觉好像家长和学校脱连了。学校是整个教育社区的中心，我们各种教育资源似乎都是从学校展开的，我们要邀请这些家长，参与到我们健康的教学生活中来。

可以举一个例子，加拿大的学校有一个开放的概念，我们欢迎家长进入我们的图书馆，和我们建立社区关系。如图书馆这个例子，就是我们邀请家长走入社会的重要途径，家长参与进来的时候这就是我们的重要战略实现了。

维克·得古提斯：

关于专业发展，我有几点想和大家分享的，第一点就是我们都认识到我们是终身学习者，我们一直在学习，所以，在课堂上我们是学习的促成者，可是我一直相信在课堂上如果我要学一些东西，那我就要问对的问题。我的同事是来这里给大家分享经验的，可是老实说离开中国，我们也在从你们身上学习，否则我们就不是很好的学习者了。我们不能只是说教师无所不知，学生一无所知，这样单向的传输是有问题的。

第二点，我们认识到的就是我们都生活在学习者的社会中，我们在这个社区中发挥的是专家作用，有的时候教师们之间也要交流，你要和你的同事分享，我面临什么样的教学问题，我看到了这样的现象等，就要说出来。我们怎么做呢？可以是电话会议，电话会议很有用，让大家更多地交流，而不是相互传授，相互说教。你可以读书、可以看视频，这些也是学习知识的途径，但是我认为彼此之间的沟通更重要。

第三点，从领导力的角度而言，你要有一种哲学思维，你要和学校各个层面进行合作。学校的管理层领导者们要有自己的愿景，我们也要认识到我们要建立最佳的实践来培养领导力，不能总是担心领导失败，每一个领导都是一样的。我认为你们都是经历丰富的教师，都是有经验的校长，但是不能要求都按你所想象的秩序来，你们有自己的自信，有自己的课程领域，应该放手让教师在自己的知识之上去进行设计。我认为可能高中的课堂和幼儿园的课堂一样的无秩序，一样的混乱，要允许这样的事情发生，这才是真正地解决问题，有的时候生活就是一团糟，生活就是这样，我认为我们都共处这样的同一个世界。在座的每一个人如果有问题或者想讨论的话，我们都乐意回答，因为我们也希望从你们身上学习，聆听你们的分享。

钟梁珏然：

导师和指导始终是不可或缺的能量，一生中有五个导师，大家可以思考一下谁是你的导师，在小学的时候，我们可能更多地在社区看到有一些中年人，或者是社区工人，他们是我们最初的导师，我们会问他们很多问题，我们在小学，在中学都会看到。这是我们人生中最动荡的时刻。我始终相信，可能中美环境有点儿不一样，在美国的华裔家庭从中国到美国，可能不了解美国的系统、教育环境，他们就需要导师来帮助他们对接，教师也是学生的导师，我们一定要去良好地使用这些导师的功能和责任。在我们的系统中，在中国的系统中，大家退休可能比较早一点儿，我们也看到了很多跨界的交流机会，我相信老人可以从孩子身上学到东西，孩子也可以从父母身上学到很多东西，这是一种跨界交流的契机。我相信导师和指导始终是领导力中重要的一环。

苏珊·恩菲尔德：

我们一直在讨论什么是领导力，怎么培养，我想补充两点，这两点我也认为很关键，那就是行动和影响之间的关系。我们的行为方式是以我们的理念和意识来指导的，我们的理念和意识是教育出来的，我们的行为和形象就产生价值，大家在思考的时候，就是在教学生不同的价值，包括像包容、自立、同情、同理心、尊敬，这都是一些朴实的价值观，他们在长大的过程中也会遵守这些价值观，不管他们是音乐、艺术、科技哪方面的领导，关键领域不重要，最重要的就是不管他们去到哪个行业、地点，他们都将会是一个好的领导，同时，他们都会产生好的影响。谢谢！

三、各个学段如何培养学生领导力

主持人：

我们刚刚用一个多小时的时间谈论了什么是引导力，如何培养引导力。另外，我们在课堂在不同的领域不同的阶段，在我们的活动、在家庭等方面谈论了如何培养学生的领导力，另外，也涉及一些哲学方面的问题，例如培养领导力，领导力是天生的还是后天形成的，好像这个问题没有唯一的答案，但是我认为就像萧伯纳说的那样，如果你有一个苹果，我有一个苹果，我们互相交换，每个人都有一个苹果。但是你有一种思想，我有一种思想，我们互相交换的话我们就会有两种，或者是更多的思想。我想今天领导力的论坛，也像一枚石子投入了教育的波澜。相信通过我们今天的对话，也可以对我们实际的教学教育产生很多变化与改变。接下来，我们请幼儿园幼儿部的教师，首先谈一谈在幼儿阶段领导力该如何培养。

教师代表：

各位专家大家上午好！我是幼儿部一位教师，作为成人来讲，教师其实是孩子的学习支持者、鼓励者，放手让他们去体验，去体验自己的成功和失败，总结学习的经验。

在我们的幼儿园，秉承"游戏+体验=学习"的理念，教师通过各种游戏活动的设计，让孩子在游戏中学习，发展他们各种能力和良好的学习品质。比方说，我们在班级中会设有"小小值日生"的活动，让孩子帮忙分发餐具、整理桌椅、担当小帮厨等。我们还通过活动培养学生做一个有计划的学习者，比方说对五岁左右的孩子，可以通过绘画的形式让孩子把自己想做的工作记录下来，按照自己所绘画的计划再进行游戏和工作，并在工作结束之后，能在集体面前讲述自己的作品，讲述在活动中发生了怎样的经历，同时，我们也会鼓励家长利用家庭小组活动的形式，让学生在春天和爸爸妈妈一起去植树，培养孩子热爱大自然、热爱环境、关心别人的能力。

我想请教一个问题：对于年龄更小一点儿的孩子的领导力培养有没有关键期，从什么年龄更合适或者说男孩和女孩是不同性别的孩子，在领导力能力的培养上是否要一致呢？

里维欧·马瑞安迪：

我来自意大利，我非常幸运参加今天的会议，这次参会能够帮助我去思考更多，能够帮助我们更好地设计学校的课程。我们学校的学生是从 18 个月一直到 13 岁，我们在这么多年的实践中非常我们关注自然教育这一块，我们也挺幸运因为学校的地点位于山区中间，旁边是城市，这就意味着学生天然和自然接近，他可以感受、观察自然中的一切，这也是我们的优势。

我们看到学生很乐意去亲近自然，现在我们有一个专门的系统工程，让学生自己去种他们的蔬菜和水果，首先能够让学生有这样的意识，有一个这样的目标，作为领导要有成就，在农务项目中他们知道有什么样的农作物能够种植，同时要遵循自然的规律和法则才能够有春华秋实的时刻。在完成农务项目之后，他们也可以从中了解如何和他人合作，这是我们具体的案例。

马拉·尼卡斯特罗：

我们认为在小学的时候或者年纪小的时候要提高领导力，比方说 5—9 岁，在这个时间段中，他们在种菜过程中获得了很多乐趣，他们会去买 iPad 拍照，了解他们蔬菜的生长情况，他们还会写下来所有的过程，同时要成立这样类似的基金，他们还会选一些了不起的园艺英雄，他们整个园艺的目标就是生产出有机食品，他们还会成立一个食物银行。一些贫困的家庭，他们吃不到新鲜蔬菜水果可以到我们这里买。我们还有一点要补充，之前放映的视频很清晰地展现了，我们如何让学生掌握自由去探索世界，对世界也没有太多的恐惧感。从小开始，我们总是说儿童要小心一点儿，你要这么做不要那么做，视频中的小男孩儿去用烤箱，可能很多家长会说你别烧伤了，这个视频中没有这样的限制，所谓自由就是你去探索世界，没有太多的限制，你自己要犯错，自己要承受后果，这才是自信的来源。

所以，最后我想说，我们在大自然里也可以这么做，我们的孩子是有天性的，我们要鼓励他，只要取得了进步就奖励他们，你可以有一定的监督，但是我们的基本理念是探索，没有干扰的探索，可以下水，可以玩昆虫，可以爬树，可以玩泥沙建城堡，他们想做什么人就做什么人，培养自己的领导力技能，不害怕大自然，去理解大自然的美。天然融入这个世界，一年四季都融入自然，不管是下雨还是晴天，我认为这些才是我们课程开发的重要元素。

苏菲·恩菲尔德：

对于这些四岁的或者是幼儿园里的儿童，比如，在五岁的时候学校给他们放一天假，对于学前班放半天，我想要确保他们可以自我管理，可以自己有效地领导自己，让自己身处在学习的环境中。我们和耶鲁大学有常年的合作，我们一起帮助学生自我表达、自我管理，管理他们的情绪，我们会专门花一天时间让学生表达自我，聆听他们的感受，这样他们才有动力去参与到学习的过程，这就是所谓的自我管理，对于儿童而言，这种情绪非常重要，这是一种自由，但是同时他们也要知道很多管理工作是如何重要。

克里斯汀·普瑞特：

我想幼儿园在整个教育系统里是最重要的阶段，所以谢谢你提到这个问题。在我们州尤其在东部，我们认识到有很多幼儿园可能面临发展不适应的问题，我们就想看一下第一学年和第二年有什么样的区别，在幼儿园阶段，不同的幼儿园有不同的技能针对点，第一年和第二年针对点也不一样，如果我们更多关注自我管理、自我监督，我们会让孩子学习自己选择。给学生这样的选择就是自我监督，我们认为这才是领导力培训旅程的开始，他们才能够真正培养自己发挥责任的能力。

主持人：

下面一个问题我想留给在场高中学生，他们一定有自己的问题。

学生代表：

各位好！我是来自石外高中部的学生。非常荣幸今天能够作为学生代表来到这里，我有一个问题是从学生的角度出发，那就是什么样的工作，什么样的专业，是学生可以更好培养自己领导力的？

维克·得古提斯：

答案很简单，所有的专业，所有的机会，领导力在各个方面都是需要的，不管你是学理科，还是说哪怕只是照顾老人，你学法律，你学会计，没有关系的，专业没有关系，领导力的特征对于各个专业都是重要的，你不要限制自己。

克里斯汀·普瑞特：

我补充一下，美国的一些企业所寻求的员工素质也发生了一定变化，他们所需要的员工必备的技能不再是一些实时性的人才了，相反他们关注的是这个人身上的解决问题能力、批判性思维，是不是有一定的个性能够建立关系，一些美国顶尖企业现在要求员工具备这些技能，而不是所谓的高智商。

王智存：

大家好！非常感谢大家的讨论，我作为一名教师代表要说一些心里话。虽然我们全球讨论精英教学，但是我认为特殊学生领导力的教育方面也是我们大家应该关注的。我在英国三所学校执教的时候，发现那边的学校对于特殊学生有特殊关注，有特殊的教师在培养他们，也会有特殊学生在课间帮助他们，不让他们掉队，跟所有孩子同步，这一点其实和我们中国一直以来的教育现象是不谋而合的，我相信社会教育是大同的，人类共同理念也是大同的，就像刚才各位专家所讨论的领导力的概念其实都有大同小异之处，我们都是向往着人类的真善美。在中国教育中，中华人民共和国成立的时候，就有学生个人领导力的培养，我们的教师带领孩子进入工厂去学习开展各式各样的社会性的活动，不仅让那些有能力的孩子去参与，而且教师会对家庭贫困的或者特殊群体孩子关注非常到位。所以，不管中国教育也好，我看到的英国教育也好，和我耳闻到的其他各个国家教育也好，在特殊群体学生领导力方面的培养都有各自的举措或者行动，我现在就想请在座各位，在对这部分特殊群体学生培养方面给我们举一些实际性的小案例是否可以？

麦肯齐·斯特劳夫：

我认为不管这些孩子需不需要我们在学习上的帮助，所有的孩子都是有领导力技能的，我们就不能够用统一的办法教授这些孩子，有些特殊孩子就需要特殊帮助。什么叫特殊的孩子呢？在我的学校这些所谓的特殊孩子和其他学生做的事情是一样的，但是稍有不同，学生都会设置目标，可是特殊孩子的目标会和一些成绩较好的学生稍微有一点儿差别。

露丝·艾伦：

我是从事特殊教育的，我同意刚才的回答，我再补充一些细节。在这种情景下确实很难，因为学生是特殊群体，我打交道的这些学生阅读能力很好，但是数学不行，或者说数学好，但是社会技能不行。在设置目标环节你就要分类进行了，也许某一个学生设置的目标更多是行为层面的，会有一些具体的办法帮助他们制定策略，我们要反复核查，每一天都要看一看他们今天的表现，下一堂课他们的表现怎么样。当然，我刚才谈到的案例是中学生，中学生有不同的教师，他们也可能跟某一个教师关系更好，跟另一个教师关系不好。在课堂上某一堂课表现更好，另一堂课因为关系不同，课堂表现也不一样，我们就反复核查，这些学生也会反复跟我沟通，在上课之前他们就和我沟通，如我们会聊，你进去之后要做什么呢？教师有什么样的任务，你怎么完成这个任务，学生就会回答我。我说你不是成年人，你并不需要足够的成熟，谈到方法，他们也许能够给你谈到五点，他们有一些不同的想法，这些都是在情感上对于学生的支持，最后上完课他就会和我聊两分钟，汇报一下刚才课堂上什么感受，每上两堂课他们都会找我聊，这是学习上的支持。

而且我们是分类进行沟通的，按照他们不同的表现和成绩，这些孩子可能在很多学科上会有很多困难，我们就要制订不同的方法来帮助他们去理解学习上的概念，怎么去把这些方法教授给他们，可能需要我们有一些基于研究的方法论，如我们要和同事相互借鉴，从课堂上实践中总结，可能这种沟通只是几分钟，但是你要做大量的研究、大量的沟通，读很多书、和很多同事来沟通来找到正确的合适的方法。毕竟学生面临的问题不一样。

这些学生可能每一次需要我花三四十分钟的时间去辅导，但是在辅导的时间中，如果我用一种方法的效果不好，我会想不同的方法，还是要看学生本身的特质因材施教，有的学生更多的是通过计算来学习，有的是用触觉、感受或记忆，我认为还是应针对学生个体，看他们对哪些方法的反应最好来尝试，适用于 A 的可能不适用于 B，尤其是做特殊教育的时候更加难了，我想我的思路能够给大家一些灵感。

学生代表：

各位好！我是十年级的学生，我们在国内学习压力很大，特别是高中生，我想问一下如何平衡学习和课外实践以及能力发展方面的相关，大家是不是可以给我们一些好的建议，帮助我们厘清思路。

罗素·雷特：

首先我们承认，领导力、行为、技能是可以培养的，但是在书上是培养不出来的，如果没有实践，没有参与，没有活动，没有这些情感和情绪的变化是不可能产生的，如自律和坚持、乐观这些情感，或者是自控、合作这些技能，唯有在活动中才能彰显。

主持人：

上午的交流已经接近尾声，但是我相信每个在座嘉宾和我们的教师们还意犹未尽。中国有句老话是"故今日之责任，不在他人，而全在我少年。少年智则国智；少年富则国富；少年强则国强；少年独立则国独立"。这是我们今天的总结短语，希望今天经过我们的讨论，我们对领导力、每个人都有新的认识，从而为我们的国家、我们的民族培养出更多更优秀的人才。

问答：学生领导力何以可能

主持人：各位来宾，各位媒体朋友，还有我们的小记者们，大家下午好！今天很高兴能够邀请到美国、加拿大、英国、芬兰、丹麦、意大利、俄罗斯、新加坡和哥斯达黎加的教育专家们。那边是来自新华社、《石家庄日报》和河北广播电视台的记者朋友们。这边是来自我们石外集团小学、初中和高中的小记者们。

欢迎大家！

我们石家庄外国语教育集团，从2014年开始已经召开了五届全球基础研究联盟大会，每次年会都围绕不同的主题进行研讨，今年我们的主题是学生领导力的培养。接下来就由我们的石外小记者们对各位专家就学生领导力的培养来进行提问。相信我们今天一定会有一个愉快的沟通。现在提问开始。

小记者：我在一年级的时候就开始当班干部了，我也算是一个比较老的班干部，但是我在竞选的时候爸爸总是跟我说，"他们说你还没有管好你自己,你要去管同学,我认为你还是没有资格的",但是我爸爸妈妈又跟我说,"你要是想管好同学的话,那你就得先让自己变得更好,所以,他们就说你可以先撤掉你的职位,以后再当也不迟"。请问,我该怎样面对这样的问题,或者我该怎样说服父母,让我去当这个班干部。

克劳斯·隆资加德:首先没有人能够决定你是否成为一个领导者,你的父母也不能决定你能成为领导,只有你自己决定你自己。

安德鲁·威廉姆斯:另外一点,如果你想成为一个好的领导者,你首先要理解你的父母,再加上你想成为领导的愿望,加上这些因素你就可以成为一个很好的领导。

克里斯汀·普瑞特:每个人都有成为领导者的气质,所以,你的父母告诉你不能成为领导者,他们就等于告诉你不能成为你自己,所以,你一定会成为领导者,你要自己决定你自己,你一定会有一个光明的未来。

蒂阿那·马萨科尔:你可以问一下你的父母为什么你不能成为领导。

小记者:这是一个非常有趣的回答。我现在是十三四岁的青少年,也正处于青春期,我们的自我意识都在不断增强,就像一个随时要爆发的小宇宙。我们作为班干部,应该怎样更好地管理班级秩序,提高在班级里的威信呢?

克里斯汀·普瑞特:你作为领导要告诉他们怎么走这个路,你要告诉别人未来的路是什么样子的。

<<< 问答：学生领导力何以可能

小记者：在你们的国家，你们也像中国一样有这样的班集体吗？

塔蒂阿娜·博奴马：我们在小学的时候有固定的班级，等我们到了初高中阶段固定班级就变少了，更多的是根据学生兴趣和他们的能力以及经验来决定不同的班级。

小记者：当学生在组织活动的时候教师们应不应该让他们放手设计整个活动，还是在某些关键的时候给他们提示？

约瑟夫·贝塔：以我的观点来看，当我举行活动的时候，我是要放手让孩子去做，我是支持他们的。如果更需要我去做一些指导的话，我可以进行指导。

苏珊·恩菲尔德：你在这个其中会有一个平衡点，说实话，教师也会给你指导，在组织过程中保持一个界限。

小记者：我们每个学校，每个班级都有自己的班干部，每个班干部是成长最快的人，在座诸位的班级有没有班干部，如果有的话，你们怎么选择班干部？如果没有的话，为什么没有班干部？

克劳斯·隆资加德：在大多数丹麦的学校，我们几乎没有学生领导。原因是什么呢？我感觉这是因为传统，但是学校给学生提供平等机会，我们也会有一些官方意义上的领导，不是实际上的领导，我们只是希望学生能够平等去发展。

小记者：我知道不同的国家有不同的传统，但是我之前去美国、英国旅行的时候，我发现很多学校都没有班干部。

麦肯齐·斯特劳夫：我来自美国，在我们的学校，我们需要学生领导，每个人都是学生领导，而且他们会轮流做学生领导。我们也会有学校领导，他们申请会更难，他们也会有自己的权力，总体上我们是希望每个人都有机会能够成为学生领导，这个说实话是很难的，而且还需要教师的控制。

特雷西·寇特：我来问一个问题，你们的班干部负责的是什么事情呢？

小记者：我们的班干部负责各种各样不同的事情，有的是帮助关灯这件事情，有的是记得浇花这件事情。都是很小的事情，但都是很重要的事情。

格雷戈里·哈钦斯：我来自美国的亚历山大，我们学校也有学生领导，很多年级都会有，我们好的学生都会成为学生领导，他们做什么呢？他们会带领一些参观者来转校园，我们保证很多人都是有工作去做的，他们从工作中学习到很多。在这个活动中去成长、学习，并且在活动中做到最好。如果有机会我们会让每个人成为学生领导，因为每个人都是最棒的。

小记者：有些同学害怕上课回答的问题不够完整，便认为不如不回答这个问题，有什么方法能让他们更积极地去展现自己的观点？

格雷戈里·哈钦斯：如果你乐意走出你的舒适区，每次犯错误能够使你走向成功，也能够使你成长，并且从中学到东西，最后使你成为强大的人。对我而言我很愿意去冒险，也乐意去尝试一些新的东西，如果你不乐意走出你的舒适区是永远不会成长的，所以要走出舒适区学一些东西，不要害怕犯错误。

小记者：对于天生性格内向，或者习惯于服从他人的学生而言，发展领导力的意义何在？

约瑟夫·贝塔：你只要做你自己就好了，并不是所有人都是外向的人，我相信在座的很多校长也都不是外向的人，我们很多人都是内向的人，所以作为内向的人也具备成为一个领导的能力，所以做你自己就好了。

西蒙·艾略特：我有不同的答案，你的情感会影响你的思维，你的思维是由你的情感所决定的，你现在想的是，你只是认为其他的人会让你怎么做，你只是认为你作为领导应该成为什么样子，所以你只要做好自己就可以。

马克·卡尔：我是一个内向的人，但是我的同事是一个外向的人，所以，他会先行动，而我是先会思考，思考得更多再行动，我们形成了一个很好的团队，作为领导力而言不是一个人的工作，而是团队的工作，这就是我的答案。

乔纳森·劳斯：我以前是一个非常内向的人，上高中以后我尝试着去成为一个学生领导。很多人认为外向比内向更好，外向的人会得到更多的注意，但是你也要知道，世界上有50%的人是内向的人，有50%的人是外向的人，外向的人有时候是什么样的，我们内向的人也可以去思考，我们也可以变得很外向，所以，内外向并不是重要的，重要的是你如何想、如何做。

小记者：我现在是六年级，即将面临小升初，升入初中，就意味着进入一个崭新的班集体，会很陌生。请问我要怎么才能快速地融入班集体并赢得大家的信任呢？毕竟升入初中后，我依然想帮助教师处理班级事务。在您的学校，如果学生面临着这样的问题，他们又是怎样解决的？

迈-布里特·贝思： 我认为你很会交流，每个人在进入一个新集体，面对陌生人的时候都会感觉到和别人交流是很困难的事情，但是我认为你不要太把这个当成一个问题，做你自己，好好地交流，你做得很好。

露丝·艾伦： 首先你给我展示的是一个非常自信的你，你是一个很好的交流者，如果你到新的班级，不要等着让别人先跟你打招呼，你要先跟他们打招呼，对其他人特别友好，你可以邀请他们去吃午饭，邀请他们去操场玩儿，总之，你要对每个人友好、开放，你要先去交流，这样你就会成为一个很好的领导者。

克里斯汀·普瑞特： 好朋友在精，不在于多，不需要你有很多很多亲密朋友，只需要最懂你、最和你相合的亲密朋友就可以了。

小记者： 认为自己有能力，但是无法得到教师和同学们的认可时，需要做出改变吗？怎么表现自己？

露丝·艾伦： 你不要困在领导的标题里面，也不一定是班级领导，或者其他，任何时候你只要告诉别人你是友好的，用不同的方式帮助别人，当你做得越来越多的时候你也就会做得越来越好。

小记者： 我认为学生领导力其中重要的一点是自主学习能力。我有一个同学，每次考试都比我高一分，我很苦恼，我怎么才能超过他呢？提高我自己呢？

克劳斯·隆资加德：你不需要赶上或者超过任何人，你只要做到你自己的最好就可以了，并且对此感到满意。

克里斯汀·普瑞特：我的儿子在二年级，他现在的阅读非常困难，但是他的朋友阅读能力非常好，我就告诉他每个人都有自己的困难，他虽然阅读很好，但是他在交朋友方面很困难。所以你要知道每个人都有不足之处，你只需要做到你自己的最好。

麦肯齐·斯特劳夫：你不需要和别人去比，只需要和自己比就好，在你下一次的考试之前，你先看看自己是从哪里提高的，下次考试你可以看看自己有没有提高，如果有就好了，不需要跟别人去比。

蒂阿那·马萨科尔：你所需要做的就是设立你自己的目标，只要完成自己的目标就可以，你可以和父母去谈，让他们来帮助你变得更好，所以你不用担心，最重要的是设立自己的目标，然后去实现这个目标。

小记者：石外集团有特色的四环节课堂和许多有意思的活动与班会。我们集团给学生话语权，让学生发表自己的见解与意见。在您的国家，是通过什么样的方式给学生话语权的？

黛博拉·克莱西：在我们的学校都非常自由，在课上学生每节课都有不同的项目，在这些项目中他们可以发表自己的想法和看法，我们学校是很开放的。

露丝·艾伦：在我们学校每个学科都会有不同的项目，比如文学和数学课，我们会让学生去解决问题，然后也会问他们人物观点，他们认为比较好的人物是谁，比较不太好的人物是谁，让他们阐述他们自己的观点。我们会问 2~3 个组，然后让他们进行展示。

安德鲁·威廉姆斯： 在我们学校有各种各样的商谈会，学生会讨论各种各样的问题，像食堂食物的问题，怎样回收塑料的问题，我们要做的是确保学生不只活动在商谈这方面，而是有更多的行动。所以，在学生有了行动之后，我们会把全校召集起来，来听学生汇报他们的成果。

小记者： 如果我们帮助所有的学生提升他们的领导力的话，随着他们领导能力的提升，作为人类的天性就会有展示自己的欲望，在举办活动的时候他们就会争夺领导地位。如果太多人想争夺领导者的话，就没有人执行任务，所以就会导致这项活动非常凌乱。

麦肯齐·斯特劳夫： 领导有时候是需要保持沉默的，你要知道什么时候站出来去指挥这个组织，你也要知道什么时候退出去，让其他人发挥自己的能力。所以你作为一个领导要知道怎么发挥其他人的能力。

特雷西·寇特： 我们在座的都是领导，但是我们时常也会想我们怎么样成为更好的领导，我们每个人都有自己的长处，我们应该想其他人的长处是什么，发挥自己的长处就可以，不能做什么。

苏珊·恩菲尔德： 当一个成功的领导并不容易，你需要处理各种各样的问题，你需要足够诚实，你要知道你能做什么。

小记者：人的一生中领导力水平会不会发生变化？即少年时期没有经过领导力的锻炼，没有当过领导者的青少年们有没有可能在长大后成为世界著名领导者？错失班干部的机会是否以后也会错失成为领导者的机会？

蒂阿那·马萨科尔：我认为你现在就做得非常好，你只是坐在旁边去听别人的想法，并对此做出反应，所以不要着急，不要慌，你以后也会成为一个非常非常好的领导。

塔蒂阿娜·博奴马：领导力可能会在任何年龄段开始，可能会在 20 岁，可能会在 30 岁，也可能是 35 岁，你需要做的就是做好准备，等待机会。

主持人：咱们今天围绕培养学生的领导力的问题，从不同的国家不同的角度都进行了沟通和探讨，我想问问咱们的小记者们是否都收获满满呢？

小记者：是的。

主持人：希望你们能够带着收获满满，继续努力，将来成为一个对社会有用的人，成为石外因你们而骄傲的人。

感谢各位专家的解答，谢谢！

全球基础教育联盟研究第五届
第六次学术委员会会议发言摘编

（注：本次会议是全球基础教育研究联盟第五届年会开幕前按照惯例召开的第六次学术委员会会议，出席会议的有顾明远、石中英、威廉·菲什、刘宝存、董松寿、刘江义、强新志、李红霞、裴红霞、聂延军、时晓玲、滕珺。）

一、关于前期学术委员会议工作的报告

李红霞：

我向大家报告六项工作。

一项是在 2019 年 5 月，在北京召开了学术委员会议。全球基础教育联盟每年开两次学术委员会，第一次在 5 月份，第二次在联盟年会前后。在今年 5 月，学术委员会专家们对联盟大会宗旨有一个建议：建立全球基础教育研究平台，开展国际教育交流与合作，推动基础教育改革与创新，服务人类社会可持续发展。这个建议计划明天正式提交理事会，作为宗旨确定下来。

第二项是联盟大会确定年会主题"学生领导力"之后，学术委员会对主题的具体表述方式，建议这届大会按照学生领导力培养来表述。

第三项是就如何提高会议的质量，提了两个层面的建议：一是开会分论坛要按照不同的主题来进行，当时提了可以按照学生领导力的培养，一个理论框架，一个实践框架，后来根据收到所有大会演讲稿实践类特别多，理论层面单独组织，两个分会场今年还没有完全达到。二是提出会议期间围绕学生领导力，各个与会代表提交一部分关于本校学生领导力培养的案例，在可读性和对基础教育中小学借鉴性方面可以更突出一些，后来我们向所有参会学校发通知征集，征集到一部分，但还是没达到成册的标准，案例从质量上还需要进一步调整。

第四项关于蓝皮书，顾教师提的把中英文分两册出版，上一届没有来得及这样做，这一届计划按照中英文两版出版，出版的时候，需要两个书号，所以要追加书号，现在时间上紧张，大会期间样书会到，正式出版之后会给国外嘉宾寄过去，我们就实现中文英文分开。

第五项关于扩大联盟大会影响力问题。顾明远教授建议国内邀请一些，再发展一些会员学校扩大影响，如果这次来不及，还要邀请国内的学校参会。这次大会一共有来自全国14个省55所学校参会，石家庄更多一些，石家庄各个学校校长从明天上午会参会，河北省教育厅通知各地派代表来参会，今天下午为了让参会嘉宾更多了解中国教育和石外教育，分三组组织外宾到三所教育帮扶学校参观，通过这个活动，国外学校校长对石外教育帮扶有更深的认识，对中国的教育有更多的认识，也增进了对中国教育均衡发展的进一步理解。

第六项关于增加会员学校，今天我们作为下一个议题重点讨论。

石中英：

非常高兴再一次聚会在全球基础教育论坛召开前夕，再次参加学术委员会的会议。刚才李红霞书记对5月12日学术委员会提出的建议落实反馈情况做了介绍。

首先，我很同意修订以后的联盟宗旨，我认为宗旨非常明确，也非常重要，更展现了石外教育集团以及全球基础教育研究联盟的实力和抱负，非常大气，我是完全同意的。关于提高会议质量的问题，这是一个永恒话题，我们也不可能指望一下子把会议的质量提高到什么样的水平，只要我们认真总结每一年会议存在的一些问题，今后的工作不断有所改进，会议开完之后开个总结会，这对于提高会议的质量非常有好处。关于蓝皮书我也没有意见，扩大联盟影响的问题今年已经有了很多扩大，而且我特别要为会议的组织方安排国外教育代表到山区学校参观访问点赞，这是非常重要的一个会议安排，有助于国际学者、国际教育界的人士了解中国教育的全貌，这一点非常重要。

关于国内联盟校的会员怎么来增加，可以请理事会再讨论。参加规模也不要太大，搞大也不太好，刚才谈到会议是不是轮流承办的问题，我看暂时可以不轮流承办，因为办这么一个会议，会议的举办能力很关键，石外教育集团应当说已经有五次办会的经验，我们的能力都是得到考验的。一个普通的外国语学校能否办好这样一个会议，就国内而言，我心里是表示怀疑的，如果有人积极申办也可以，但是一定要进行现场考察，一定要对它们过去是否举办过如此大规模、高规格、高水平的国际基础教育会议做评估。

二、关于年会会议主题

强新志：

在说建议之前，我再补充一下。刚才就宗旨来说，总的感觉越来越贴近工作实际，开始不是特别清晰理解，通过几次反复修改，这次宗旨感觉贴近会议的实际，无论是方向性和操作性都更有指导性。我们办这个会议有比较成熟的经验，政府给予支持的力度比较大，每年政府有一个引智资金，河北省外办把引智资金能够争取到位，对会议成功举办意义重大。

这两年年会组织内容有变化，从去年开始正式活动前安排一天的活动，这个活动主要是先让国外教育代表有一个实践感知，所有发言的代表与全校教师围绕今年主题进行沟通、交流、对话，采取讨论座谈的方式，他们之间的交流很重要。每年开会都组织大家进行山区教育考察，国外代表非常关注中国偏远地区教育。

我们办会过程中也在不断思考怎么让质量更高一点儿，特别是蓝皮书的质量怎么能够更有影响力，这是我们现在面临的瓶颈。关于明年年会主题，有两个想法，一个想法是前几届年会围绕的学生核心素养，还有内容即学会学习这一方面还没有涉及，核心素养的其他内容，基本上都已经涉及了，像人文、科学、健康、责任担当。这六个大类里，对"学会学习"还没有涉及，下一年年会建议将"学会学习"作为年会主题，这样就把核心素养这六大类基本涵盖了。

但是，有关"学会学习"在内容上还是存在局限，乐学、善学、趣学以及勤于反思，这属于学习方法策略，当然信息意识很重要，在信息化时代，学生学习跟信息化时代如何能够结合好，从这个角度来讲，还有拓展空间。

另一个方面，我们还有一种想法是对接教育现代化。教育现代化是一个大概念，我们先从学校层面，现代技术与学校发展，从这个角度切入。实际上要真正实现教育现代化从全国层面来讲，不是简单的事。教育现代化首先是农村教育现代化、山区教育现代化，这样才能谈教育现代化，这是一个很艰巨的任务，我们从这个方面切入这个主题。

刘宝存：

强校长给我们拟定的五届主题是五个领域，还差一个领域。学会学习可以是一个思路，也可以继续按照素养思路往下走，因为从整个的素养来讲，现在在国际上还有一些其他的素养，中国三大领域、五个方面、十八大点，咱们按照这个逻辑来的，跟全球来讲并不太一致。现在有一个素养是非常热的，值得探讨，就是"全球素养"，现在国内也很热，国际上也很热，已经成为一个全球改革的热点，这一点可以考虑。我不是说反对"学会学习","学会学习"也是很好的点，如果从素养角度来讲，"全球素养"是非常值得做的。

石中英：

主题的确定对于年会而言至关重要，因为是年会的引领性的东西。强校长提到学会学习，在国际上也提了很多年，如果在这个方向确定主题，我建议能不能改成重新定义学习，因为关于学习的观念、学习的理论、学习的技术、学习的价值，这些年都发生了很大的变化。2015年出版了一份报告，报告里面已经进行了新的学习观的定义。顾教师写过文章讲过新的学习观，就学习的内容而言，学习的知识、学习的态度、情感、价值观都是学习内容；从学习方式而言，他特别提出学习不完全是个体性的行为，学习是集体性的行动，这个观念我们以前讲得很少，我们总说学习是个人的事情，其实，大家都知道一个人学习跟他所处的环境是不是支持性的环境有着非常密切的关系。学生的厌学、辍学、失学，跟家庭环境、班级环境、学习支持、教师的学习指导非常有关系，学习不单单是智慧的过程，学习是全身心投入的过程。中国传统文化里面对学习的理解本来就是这样的，学习不完全是一个认知的过程，是一个整个身心投入的过程。

所以，解决学习问题或者学会学习的问题，当前从国际报告来看最重要的是重新认识学习，学会学习有点儿老了，重新定义学习这好像代表我们论坛的主题有时代性、前沿性、有引领作用。年会主题所提出的概念和问题不一定在会上解决，但是一定要激发人们的思考，而且要从现在国际范围内，从全球视野来考虑问题。1972年就提出来了"学会学习",从1972年以来到现在,人类对学习的认识有什么变化,我们把信息技术可以放进来,把原来讲的集体学习也可以放进来,我认为这样可能主题更加有引领作用,有激励性。

第二个,关于当前中小学核心素养。人类命运越来越彼此相连,大气问题、环境问题、污染问题、反对恐怖主义等问题,一定要有全球理解、全球合作、全球参与才有可能实现,在探讨各个分别的素养之后,分别探讨几种素养之后,是不是要讨论一种这个时代最关键的青少年核心素养,而且外国语学校要有全球视野,这与普通的国民中小学主要的不同就在于全球的视角。

威廉·菲什:

我认为我们最重要的一点是需要关注一个非常具体的方面,我认为重新定义学习这个话题非常好,但是不管怎么说,不管最后确定什么主题,必须是要专业性非常强的,非常具体的一个话题,否则的话,人们不知道应该关注在什么位置,具体什么话题上。

顾明远:

刚才讲的主题非常重要,我很同意石中英同志的意见。这个题目有两个方面可以考虑:一个是宏观的,从观念的方面重新定义学习,怎么叫学习?学习什么?从宏观的来讲怎么学习,怎么叫学习?什么叫学习,学习什么,这是从宏观的来讲。另外,菲什教授讲得很有道理,怎么具体化,宏观讲理念的问题,教科文组织在《反思教育》一书中讲了好几个方面,但是具体到一个学校,还要有一些具体的题目考虑一下。还有,现在大家都普遍进行深度学习，深度学习就比较具体一些，可以考虑各学科怎么深度学习，将来讨论可以考虑到各个学科，数学怎么深入学习，科学怎么深入学习，语言怎么深入学习，宏观微观两个方面怎么能够结合起来。宏观的可以请专家讲一讲，宏观一到具体学校实践就很难了，所以，还有一些具体的，总的来讲，深度学习概念我认为很好，可以从宏观和微观两个方面来组织。

第二个讲到微观，这次通知时要提示征集案例，不要等后面再征集案例。案例要分析各自学校怎么做的，怎么深入学习的，学科怎么深入学习的。宏观和微观看看将来具体研究一下怎么结合，"重新定义学习"这个题目很好。我们确实有一个引导的问题，到底什么叫学习，光学习知识就叫学习吗？现在还有个性化的学习，提倡个性化的学习，有的家长把孩子放在家里，个性化的学习是不是就是一个人学习？学习是集体性的。另外，现在学习讲竞争，我很早之前主张学习是不能讲竞争的，学生只能讲合作、互助，学习不能讲竞争，可是现在学习已经变成竞争。我得了100分你就不能得100分，一个孩子得100分回家就哭了，妈妈问他为什么哭？他说别人也得了100分。这个怎么体现合作精神，怎么体现尊重别人。什么叫学习，学什么，只是学知识，还是要学做人，具体来讲可能还要分一分宏观微观。

三、关于联盟及年会影响力
聂延军：

就我们全球基础教育联盟年会以及会议怎么能够办得更有影

响，我想提几点建议：

我们办这个会的格局再放大一下，不要仅仅局限于 5 月份开一个小型座谈会，10 月份集中开这样一次大会，其实，我们这个会不仅在国内，在世界上的影响应该都是深远的。

一是会前的宣介"预热"很重要，尤其是在主流媒体宣传推介，我们通过在这个方面工作进一步扩大影响，把格局再放大一点儿。

二是会议期间要集中发力，会议前预热，会议中发力。这个发力要在不同的媒体，把论坛的内容形式、专家报告等进行推广，这很有意义。每届会议有大量典型案例，值得向全国推广，甚至向世界推广，这方面，要再下功夫，策划一下。

三是会后追踪。这次讨论的主题包括分论坛的主题，包括后边跟踪典型案例，都可以选择不同的媒体、不同的渠道，相关推介延续不断。这样就需要一个系统的策划，每年一届，每年不断有年会的声音，这样影响会更大。

顾明远：

刚才聂延军同志讲到扩大影响宣传我也非常同意，现在更要跟媒体结合，不跟媒体结合你怎么扩大影响力？扩大联盟的学校我也同意中英的意见，我们逐渐扩大，逐渐地，不要一下扩大。

大会之外小型的会议在国外办也可以，体现全球性，可以把教师带出去，扩大教师的视野。每年年会都在这儿举办，要扩大影响。